Martin Rost

WIR vom Jahrgang 1990

Kindheit und Jugend

Wartberg Verlag

# Impressum

**Bildnachweis:**
Privatarchiv Rost: S. 4, 7 – 14, 17, 18, 20 u., 22, 24, 27 u., 28, 29 o., 29 u.l., 31, 35, 36, 38, 39, 42, 43, 46, 49, 51 u., 53, 58 o.; Sabrina Pöschering: S. 15 u.; Martin Stork: S. 34; Unbekannt: S. 33; Graf: S. 41; Sven Lang-kabel: S. 48, 57, 63 o.; Mark Heiderich: S. 54; Yasemin Kaya: S. 55; Sheyda Rahemi: S. 60; Jannik Eder: S. 61; ullstein bild – Bodig: S. 6; ullstein bild – Gierth: S. 15 o.; ullstein bild – Public Address: S. 16; ullstein bild – Joker/Magunia: S. 19; ullstein bild – Seiler: S. 20 o.; ullstein bild – Zentralbild: S. 23; ullstein bild – XAMAX: S. 26; ullstein bild – Fotoagentur imo: S. 27 o.; ullstein bild – Teutopress: S. 29 u.l.; ullstein bild – Bonn-Sequenz: S. 30; ullstein bild – Müller-Stauffenberg: S. 32, 51 o.; ullstein bild – AP: S. 37, 44, 52; ullstein bild – Vario-Press: S. 40; ullstein bild – Cuveland: S. 45 o.; ullstein bild – Imagebroker.net: S. 45 u.; ullstein bild – BPA: S. 50; ull-stein bild – Brill: S. 56; ullstein bild – photothek: S. 58 u.; ullstein bild – Reuters: S. 62; ullstein bild – Sylent Press: S. 63 u.

Wir danken allen Lizenzträgern für die freundliche Abdruckgenehmigung.
In Fällen, in denen es nicht gelang, Rechtsinhaber an Abbildungen zu ermitteln,
bleiben Honoraransprüche gewahrt.

1. Auflage 2009
Alle Rechte vorbehalten, auch die des auszugsweisen
Nachdrucks und der fotomechanischen Wiedergabe.
Gestaltung und Satz: Ravenstein und Partner, Verden
Druck: Hoehl-Druck Medien + Service GmbH, Bad Hersfeld
Buchbinderische Verarbeitung: Buchbinderei Büge, Celle
© Wartberg Verlag GmbH & Co. KG
34281 Gudensberg-Gleichen • Im Wiesental 1
Telefon: 0 56 03/9 30 50 • www.wartberg-verlag.de
ISBN: 978-3-8313-1790-5

# Liebe 90er!

Ein Jahr nach dem Mauerfall in Berlin, welcher ein vereintes und neues Deutschland hervorbringen sollte, erblickten wir das Licht der Welt. Es war das Jahr, in dem Deutschland zum dritten Male die Fußballweltmeisterschaft gewann, das Jahr in dem die US-Schauspielerin Julia Roberts ihren unglaublichen Durchbruch mit dem Film „Pretty Woman" hatte, das Jahr in dem der Motorrad und Bier liebende Kfz-Lehrling mit der riesigen Nase und den Cowboystiefeln in dem Zeichentrickfilm „Werner – Beinhart" von Werner Brösel glänzte.

Erstmals ist der 3. Oktober als Tag der Deutschen Einheit in Gesamtdeutschland auf Grund der Wiedervereinigung gefeiert worden, was dazu führte, dass die letzten schwergewichtigen Folgen des Zweiten Weltkrieges und des Kalten Krieges nun endgültig der Vergangenheit angehörten und wir neuen Zeiten hoffnungsvoll entgegenblicken konnten – jenen Zeiten, die wir stolz und in guter Erinnerung als unsere Kindheit und Jugend bezeichnen dürfen.

Die neunziger Jahre waren das letzte Jahrzehnt des zwanzigsten Jahrhunderts, welches von historischen und politischen Ereignissen geradezu überflutet war und vor Veränderung nur so strotzte: Angefangen mit der Auflösung des Ostblocks, über den Zerfall Jugoslawiens, den zweiten Golfkrieg, die Gründung der EU und dem Ende der Apartheid in Südafrika, bis hin zum Ende der Ära Kohl. Das beginnende 21. Jahrhundert wurde geprägt von medizinischem Fortschritt, technologischen Neuerungen und der Globalisierung. Wir wurden erschüttert von den Anschlägen auf das WTC, wir wurden aber auch Papst und bekamen Angie als Bundeskanzlerin und wir erlebten ein Fußballsommermärchen. Persönlich interessierten wir uns erst für Diddl und Pokemon, dann für Gameboy und PC und schließlich für Handy und i-Pod. Wir sind eben die High-Tech-Generation, die statt Liebesbriefen SMS schreibt.

Die Erlebnisse und Grundpfeiler unserer Kindheit und des Erwachsenwerdens stecken euch wahrscheinlich noch genauso tief in den Knochen wie mir, und von daher hoffe ich, dass euch dieses Buch nicht nur an die wichtigen politischen und gesellschaftlichen Ereignisse erinnert, sondern vor allem an eure eigenen, individuellen Erlebnisse, die euch zu dem machten, was ihr nun seid. Doch was auch immer das Leben mit uns anstellt, so vergessen wir nie den Vorspann vor dem Hauptfilm. Dieser Vorspann ist unsere Kindheit, unsere Jugend, unser Erwachsenwerden – das sind wir, wir vom Jahrgang 1990.

*Martin Rost*

# Germany's Next Top-Babys

## Das 1. bis 3. Lebensjahr

**Neues Leben, neues Nationalbewusstsein und neuer Fußballweltmeister**

Das Jahr, in dem wir das erste Mal unsere Augen öffneten und der erste Atemzug unsere winzigen Lungen mit Luft füllte, war 1990. Es war ein Jahr, das unserem Heimatland gebührte.

Unter Franz Beckenbauers Führung als Teamchef der deutschen Elf wurden wir nach einem verwandelten Strafstoß durch

*Freudig richteten wir den Blick auf alles Unbekannte.*

# Chronik

**11. Februar 1990**
Nach 27 Jahren Gefangenschaft wird Nelson Mandela freigelassen.

**8. Juli 1990**
Deutschlands Elf wird zum dritten Mal Fußballweltmeister.

**3. Oktober 1990**
Deutschlands Wiedervereinigung und die Geburtsstunde des „Tags der Deutschen Einheit" wird gefeiert.

**27. Januar 1991**
Boris Becker rühmt sich nach dem letzten Saisonspiel mit einem Sieg über Ivan Lendl als weltbester Tennisspieler.

**8. Oktober 1991**
Nach dreimonatigem Bürgerkrieg in Jugoslawien sind Slowenien und Kroatien unabhängige Staaten.

**4. Februar 1992**
Straßenschlachten und Putschversuche erschüttern Venezuela.

**23. Februar 1992**
Die im französischen Albertville ausgetragenen Olympischen Winterspiele bringen die Deutschen als das Team mit den meisten Medaillen hervor.

**3. März 1992**
Nach Slowenien und Kroatien wird auch Bosnien-Herzegowina unabhängig.

**28. Mai 1992**
Kasachstan, Armenien und Slowenien werden offizielle Mitglieder in der UNESCO.

**2. Juli 1992**
Die USA ziehen alle taktisch platzierten Atomwaffen aus Deutschland ab.

**25. Juli 1992**
Barcelona feiert die Eröffnung der XXV. Olympischen Spiele.

**3. November 1992**
Der Demokrat Bill Clinton wird der 42. Präsident der Vereinigten Staaten.

Andreas Brehme gegen Argentinien zum dritten Male Fußballweltmeister. Doch zum allerersten Mal gewannen wir als vereinte Nation dieses Turnier. Nachdem die Zeiten der DDR endgültig ihr Ende gefunden hatten, war der Sieg dieses höchstpopulären Spiels bei der WM ein gutes Omen für unser neues Deutschland – beinahe an jeder Straßenecke konnte man ein Gefühl von Verbundenheit und aufrichtiger Freude spüren.

Doch wir bekamen davon wahrscheinlich nicht viel mit, denn wir waren entweder noch nicht geboren, oder lagen frisch gewickelt und schlafend in unserer Kinderwiege – die Jungs unter uns mit Strampelanzügen in eher dunkleren Farben und die Mädchen in hellen. Es spielte jedoch nicht mehr so eine große Rolle wie in den Jahrzehnten zuvor, dass die Farbe der Kleidung das Geschlecht des Babys verriet; man war kreativ oder steckte sein Kind auch in die Kleider seiner Geschwister, sofern es welche hatte.

Viele von euch haben sich bestimmt einmal Fotos aus dieser Zeit angeschaut und vielleicht wart ihr auch in der Lage, hier und da ähnliche Gesichtszüge zu erkennen, mehr aber auch nicht, denn es scheint, als sei es ein kleines dunkles Loch in unserem Gedächtnis, dieses erste Lebensjahr, was wir uns nur vorstellen, doch niemals nachempfinden können. Und trotzdem passierte so einiges um uns herum: Unsere Eltern kümmerten sich ständig um uns, der Staat kümmerte sich ein bisschen um unsere Eltern und überhaupt war die Welt in einem unheimlich schnellen Rhythmus, in den wir uns erst einleben mussten, um ihn zu verstehen.

# Das neue Deutschland

1989 hat das deutsche Volk etwas erreicht, das in dieser Form schon mehrere Jahrzehnte verloren gewesen war, und von vielen vielleicht sogar schon als für immer verloren geglaubt wurde. Es geht um die Wiedervereinigung Deutschlands, die ein Jahr vor unserer Geburt mit dem Mauerfall in Berlin völlig neue Pforten öffnet.

Allerdings ist der Weg dahin steinig. Bevor sich Deutschland wiedervereinen kann und die Wunden des Zweiten Weltkrieges verheilen können, müssen die führenden ehemaligen Siegermächte USA, UdSSR, England und Frankreich ihr O.K. geben. Und das ist ein großes Problem, denn Russland und England haben Angst vor einem wiedererstarkten Deutschland, das zurückfallen könnte in ein machtsüchtiges Land der Größenwahnsinnigen. Sie fühlen sich in ihrem europäischen Frieden bedroht und Deutschlands führende Politiker müssen diese Ängste beseitigen, um das umzusetzen, was der ganzen Nation auf dem Herzen brennt. Es werden nach Verhandlungen der vier Siegermächte mit den beiden deutschen Staaten die sogenannten Zwei-plus-vier-Verträge aufgesetzt, die

einem Friedensvertrag zwischen Deutschland und den Siegermächten des Zweiten Weltkrieges gleichkommen, mit dem Ergebnis, die Deutsche Einheit wiederherzustellen und Deutschland die volle Souveränität über seine inneren und äußeren Angelegenheiten zurückzugeben. In den Verträgen ist unter anderem festgelegt, dass Deutschland keine Gebietsansprüche, die außerhalb der jetzigen Landesgrenzen liegen, erhebt, dass die Truppenstärke der Streitkräfte eingefroren bleibt und Deutschland auf den Besitz von ABC-Waffen verzichtet.

Nach einem formellen Hin und Her und diplomatischen Glanzparaden stimmt letztlich auch England dem neuen Deutschland zu und den Zielen unseres Landes stehen nur noch die Probleme entgegen, die es innerhalb der Grenzen zu lösen gibt. Die Verträge werden am 12. September 1990 unterzeichnet. Bereits am 1. Juli 1990 werden jegliche Mauer- und Grenzüberwachungen abgeschafft und die Deutsche Mark als gültige Währung in ganz Deutschland eingeführt.

Am 3. Oktober 1990 schließlich feiert Deutschland seinen ersten „Tag der Deutschen Einheit".

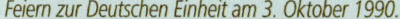

*Feiern zur Deutschen Einheit am 3. Oktober 1990.*

*Auf Mamas Arm war es dann doch noch am gemütlichsten.*

## Der erste Schritt in eine von Freud und Leid geprägte Welt

Der erste Schritt in diesen Rhythmus ist gar nicht mal so einfach gewesen, denn immerhin mussten wir anfangs krabbelnd auf Erkundungstour durch die Wohnung gehen, und selbst das hat ein Weilchen gedauert. Aller-

*Die ersten anstrengenden Minuten auf zwei Beinen.*

dings brachte es uns dann doch – früher oder später – auf die wackligen Beinchen und wir konnten die Welt aus einem neuen Blickwinkel betrachten.

Manch einer von euch hatte vielleicht sogar das amüsante Privileg, seine ersten Schritte auf einer alten VHS-Kassette anzuschauen, die damals als absolute Neuheit galt und ausgezeichnet dazu geeignet war, einmalige Situationen mithilfe einer klobigen Videokamera unsterblich zu machen. Aber vielleicht führten eure Eltern, so wie meine es taten, auch eine Art Baby-Tagebuch, in dem die wichtigsten und aufregendsten Erlebnisse ihres Schützlings Schwarz auf Weiß festgehalten wurden. Oder vielleicht erzählten sie euch auch nur von diesen Dingen, aber selbst das hat doch etwas Magisches.

Zu den besonderen Ereignissen gehörten sicherlich auch unsere ersten Sprechversuche, die anfangs eher ein Brabbeln und Lallen waren, und unser erstes Wort, das meistens wahrscheinlich nicht das war, was die Eltern sich wünschten: „Mama" oder „Papa" … mein erstes Wort war „Rollo".

## Ereignisse und Katastrophen

„Ötzi" war ab dem Jahr 1991 ebenfalls ein Wort mit großer Bedeutung. Es steht für die etwa 5300 Jahre alte Eismumie, die am 19. September 1991 in den Ötztaler Alpen, Österreich, auf einer beachtlichen Höhe von 3210 Metern gefunden wird. Ötzi wurde, wie sich im Laufe der weiteren Jahre herausstellte, vermutlich Opfer eines heimtückischen Überfalls, als er sich bei unerträglicher Kälte in der Jungsteinzeit oder Kupferzeit seinen Weg durch die Alpengletscher bahnte. Durch und durch ein Aufsehen erregender Fund, der den einen oder anderen Wissenschaftler in freudige und ungebändigte Erregtheit versetzt.

Doch es passieren auch Dinge, die furchtbar und erschreckend sind, da ihr Ausmaß an Schmerz und Leid für viele Involvierten unermesslich ist – eine Boeing 767 der österreichischen Fluggesellschaft Lauda Air verunglückt nahe Bangkok und fordert insgesamt 323 Tote. Und ein heftiges Erdbeben der Stärke 7.0 reißt in Indien etwa 2000 Menschen in den Tod. Auch, wenn es Deutschland nicht direkt betrifft, so erwecken die schauderhaften Fernsehbilder Gefühle von Mit- und Beileid für die Angehörigen. Auch der Krieg auf dem Balkan und der zweite Golfkrieg verbreiten große Angst.

Damals denkt jedoch auch niemand daran, dass gewaltige Naturkatastrophen auch in unserer Heimat zu erwarten sind. Wer ahnt schon, dass wir nur ein paar Jahre später dazu beisteuern sollen, unseren geliebten und leider auch einzigen Planeten vor dem bedrohlichen Untergang zu bewahren?

## Essen, Trinken, Schlafen – wir folgen unserem Instinkt

Wir, die gerade ein gutes Jahr alt waren, machten uns zu dieser Zeit noch überhaupt keine Gedanken, um rein gar nichts. Wir dachten eigentlich eher wenig und folgten lediglich unseren Instinkten: Essen, Trinken, Schlafen. Zwischendurch brachten wir unsere Eltern zum Lachen, oder aber trieben sie in eine von fehlendem Verständnis geplagte Verzweiflung, da wir gerade in diesen ersten Jahren sensible Seelen waren, die wegen jedem noch so winzigen Grund anfingen zu heulen und zu schreien, vor allem dann, als wir unsere ersten Beißerchen bekamen.

Wir trugen die ganze Zeit über Pampers, in die wir unsere kleinen und großen Geschäfte erledigten, und nuckelten an diversen

*Wozu ist Creme denn sonst gut?*

*Auch im Wasser unterwegs mit Stil und Klasse.*

Objekten, wie am Daumen, Schnuller und vielerlei anderen Dinge, die wir in die Finger kriegen konnten – wir tasteten uns eben langsam durch die Wohnung und erkundeten alles, was unsere Aufmerksamkeit erweckte.

Unser erstes Spielzeug war in den meisten Fällen ein Plüschtier, wahrscheinlich ein Teddybär oder vielleicht auch eine Diddl-Maus, die kurze Zeit nach unserer Geburt ihren ersten Auftritt in den Spielzeuggeschäften hatte.

Ab und zu bekamen wir die Welt von draußen zu sehen, wenn wir im Kinderwagen von unseren Eltern oder Großeltern durch die Straßen geschoben wurden, allerdings beschränkte sich unser Blickfeld eher auf den Himmel oder das Dach unseres Kinderwagens. Doch das störte uns nicht sonderlich, denn die frische Luft tat uns zur Abwechslung auch ganz gut.

Ein weit verbreitetes Phänomen, dass Erwachsene in Gegenwart von Babys undefinierbare Laute und Wörter wie „Dudududu" in grellen Tonlagen von sich geben, wurde auch uns nicht vorenthalten; sie verzogen ihre Gesichter und schnitten Grimassen, die uns wahrscheinlich aufheitern sollten. Doch dieses Verhalten verwirrte unser Gemüt und wir lachten ohne jegliche Begeisterung über ihr Benehmen.

*Eine Rundfahrt durchs Wohnzimmer
war nichts Ungewöhnliches.*

## Begegnungen auf
## dem Fußboden

Ab und zu waren wir auch in Gesellschaft von Gleichaltrigen. Meistens dann, wenn unsere Mutter sich einmal von uns erholen wollte und sich mit einer Freundin verabredete, die ebenfalls ein Kind im selben Alter hatte. Wir lagen dann auf gemütlichen Wolldecken und spielten mit dem unzähligen Krimskrams, dessen einziger Sinn darin bestand, von uns betastet und herumgeworfen zu werden. Außer vielleicht jene, die Geräusche von sich gaben, wenn man auf die vorgesehenen Knöpfe drückte, denn diese riefen uns sehr früh die lebenswichtige Einsicht ins Gewissen, dass jede Handlung eine Konsequenz nach sich zieht. Als wir etwas größer waren, düsten wir mit Bobbycars und Rodypferden durch Flure und Wohnzimmer. Unsere Mütter warfen ab und an mal einen Blick zu uns und unterhielten sich wahrscheinlich nebenbei über die Leiden und Freuden des Mutterseins. Und das konnte bereits nach den zwei Jahren, die wir nun auf der Welt waren, doch schon so einiges sein; es war ein völlig neuer Lebensabschnitt, der für uns selbstverständlich gar nicht anders sein konnte. Somit genossen wir das freie und uneingeschränkte Dasein und das Privileg, alles machen zu dürfen und trotzdem geliebt zu werden.

## One Vision, one World ... one culture?

Das Wort Globalisierung dürfte uns mittlerweile allen ein Begriff sein; es bedeutet, dass die gesamte Welt irgendwie zusammenhängt – politisch, wirtschaftlich sowie gesellschaftlich. Und auch, wenn dieser Begriff schon viele Jahre zuvor mehrmals auftauchte, so machen wir doch erst seit Beginn der neunziger Jahre eine wahrhaftige Bekanntschaft damit.

Die Symptome der Globalisierung beeinflussen und prägen unsere Kindheit, Jugend und Zukunft. Es ist das, was man als kulturellen Mix bezeichnet und was wir unter dem Synonym der unbegrenzten Möglichkeiten kennen. Stellt euch vor, ihr wollt in ein anderes Land ziehen, um einen Job anzutreten und eine Familie aufzubauen, egal wo – es wäre möglich. Doch im Prinzip muss man nicht einmal in ein unbekanntes Land reisen, um fremdländische Kultur zu erleben; man braucht dafür nur aus dem Haus zu gehen und die Augen zu öffnen – die Pizzeria an der Ecke, die Dönerbude neben dem griechischen Restaurant, die Moschee neben der protestantischen Kirche, und all das in nächster Umgebung. Die Welt wächst zu einer riesigen Gemeinschaft mit den unterschiedlichsten Religionen und kulturellen Bräuchen zusammen, unser örtliches Telefonbuch heißt nicht mehr „Gelbe Seiten", sondern Internet. Die internationale Vernetzung und Verflechtung in allen Bereichen – Wirtschaft, Politik, Kultur, Kommunikation – auf individueller, gesellschaftlicher, institutioneller und staatlicher Ebene ist der Hintergedanke der Globalisierung. Seine Umsetzung hingegen ist weitaus komplexer und vielschichtiger, doch im Gesamtüberblick beschreibt sie lediglich die stetig steigende Verbundenheit der Staaten auf der Welt: „Husten die USA, bekommt der Rest der Welt Schnupfen" ist ein Sprichwort, welches beschreibt, wie eng diese Verbindung bereits ist. Zwar hat sich diese Tatsache erst im Laufe unserer ersten achtzehn Lebensjahre halbwegs vervollständigt, aber mit dem neuen Deutschland kam Hand in Hand der immer größer werdende Globalisierungsprozess in Gang. Von daher ist es interessant, sich nicht die Situation im Jahre 2008 oder 2080 zu vergegenwärtigen, sondern die Jahre, in denen es damit erst richtig losging; als es noch kein Ebay oder den Euro gab, das Internet in den Anfängen steckte und Außenpolitik eher auf reiner Friedenserhaltung basierte, anstatt auf Zusammenarbeit als Mittel zum Zeck. Denn dies sind die Jahre, in denen wir laufen, sprechen, lesen und schreiben lernten, und rückschauend betrachtet bildet die Entwicklungkurve der Globalisierung eine Parallele zu unserer eigenen; Startschuss: 1990.

Es gibt jedoch auch immer mehr Globalisierungsgegner. Im Zentrum der Kritik stehen dabei die allumfassende Kommerzialisierung sowie der Abbau sozialer Rechte infolge der verschärften Konkurrenzsituation in der sich die Volkswirtschaften befinden. Bemängelt wird außerdem, dass die Globalisierung nur den Industrieländern zugute kommt, die Entwicklungsländer und der Ostblock dagegen immer weiter in Abhängigkeit und Armut getrieben werden.

Fakt ist jedoch, dass wir bis zum Hals in einem neuen geschichtlichen Zeitalter stecken – keine Ahnung, wie man es in 150 Jahren nennen wird, vielleicht globales Zeitalter oder früher Futurismus, wer weiß?

# 1993–1995

# Kleine Monster oder liebenswerte Menschlein?

## Das 4. bis 6. Lebensjahr

### Das Nimmerland und jede Menge neue Erfahrungen

Der ungeregelte und völlig freie Tagesablauf änderte sich, als wir in den Kindergarten kamen. Das hieß zwar nicht, dass wir fortan strengsten Foltern unterzogen wurden, sobald wir uns „unangemessen" verhielten, aber es galten Regeln, an die man sich halten muss-te. Zum Beispiel wurden wir in Gruppen ein-geteilt, welche sonderbare Namen wie „Marienkäfer" trugen und von ein bis zwei Erzieherinnen geleitet wurden. Wir mussten selbst aufräumen, nachdem wir Jungs mit Holzklötzen oder die Mädchen mit Puppen und Plastikservices gespielt haben. Natürlich hatte dazu niemand Lust, aber es musste gemacht werden, und man überlegte sich vor-her, ob man eine schwere Unordnung hinter-ließ – die Jungs waren in dieser Hinsicht wahr-

*Geburtstage im Kindergarten waren fast so beliebt wie Karneval.*

# Chronik

**10. Januar 1993**
Die Schwimmerin Franziska van Almsick stellt in China drei Weltrekorde auf.

**1. Januar 1993**
Europa wird neu geprägt durch die Trennung der Tschechoslowakei in Tschechien und die Slowakei.

**10. Dezember 1993**
Toni Morisson (Autorin des Buches „The Bluest Eye) gewinnt den Literaturnobelpreis, Nelson Mandela den Friedensnobelpreis.

**6. Mai 1994**
Eröffnung des Euro-Tunnels unter dem Ärmelkanal zwischen Frankreich und England.

**15. April 1994**
Gründung der Welthandelsorganisation WTO (World Trade Organization) mit Sitz in Genf.

**9. Mai 1994**
Mandela wird Präsident der Republik Südafrika.

**18. Juli 1994**
Ende des Bürgerkrieges in Ruanda mit mehr als 500 000 Toten und 1,7 Millionen Flüchtlingen.

**10. November 1994**
Der Irak erkennt die Grenzen Kuwaits an.

**13. November 1994**
Michael Schumacher wird erster Deutscher Formel-1-Weltmeister.

**14. Dezember 1995**
Das Friedensabkommen zwischen Serbien, Kroatien und Bosnien-Herzegowina wird unterzeichnet.

**10. Juli 1995**
Der Hausarrest für Friedensnobelpreisträgerin San Sun Kyi in Myanmar wird verhängt.

**1. Januar 1995**
Österreich, Schweden und Finnland treten der EU bei.

**7. Mai 1995**
Jacques Chirac wird zum französischen Staatspräsidenten gewählt und löst damit François Mitterrand nach 14-jähriger Amtszeit ab.

scheinlich eher nachsichtig, denn oft sah es in der Spielecke aus, als hätte eine Bombe eingeschlagen. Vielleicht lag das auch daran, dass es nicht allzu oft vorkam, dass Mädels und Jungs zusammenspielten, was aber zu dieser Zeit ganz gewöhnlich war; die Jungs waren eben die Rabauken, die sich hin und wieder rauften, und die Mädchen waren engelsgleiche Wesen, die schon damals vortäuschten, älter zu sein, als sie waren, wenn sie bemüht gesittet am Tisch saßen und inszeniert aus leeren Kaffeetassen tranken. Es schien beinahe so, als sei bereits hier das Zeitalter angebrochen, in dem die Jungs die Mädels und die Mädels die Jungs verabscheuten.

Die Zeit im Kindergarten war für die Meisten eine tolle Zeit, bis auf jene, die täglich von grausigem Heimweh geplagt wurden, weil sie nicht damit zurechtkamen, von der Mutter getrennt zu sein. Doch es war nicht anders möglich, da wir in einer Zeit aufwuchsen, in der es verbreitet war, dass auch die Mutter zur Arbeit ging, um ihren finanziellen Beitrag zum Haushalt zu leisten, und mehr als drei Jahre ohne Job waren für viele nicht drin.

Doch zum Glück gab es ja die netten Damen im Kindergarten, die sich liebevoll um uns kümmerten und uns Spiele, Lieder und Gedichte beibrachten; wir bastelten, malten und puzzelten wie die Weltmeister – jedoch waren wir im Gegensatz zu denen nach einer solchen Unternehmung dreckig wie kleine Ferkel. Doch das störte auch keinen, und uns am allerwenigsten. Wir spielten draußen weiter, wo wir unzählige Spielgeräte, wie Dreiräder und Schippen, zur Verfügung gestellt bekamen, die unser junges Herz aufblühen ließen, wie die Blumen, die dort im Frühjahr zu wachsen anfingen.

Für viele ging es dann mittags nach Hause, andere blieben allerdings länger im Kindergarten, denn nicht jede Mutter konnte ihren Schützling bereits zur Mittagszeit abholen, um ihm zu Hause eine warme Mahlzeit zu servieren, die wir mittlerweile auch schon ohne „fremde Hilfe" zu uns nehmen konnten.

Bald kannten wir uns bestens aus im Kindergarten und nichts war mehr neu. Er war wie ein zweites Zuhause, welches Peter Pans Nimmerland glich, in dem für uns Fantasie und Spaß so normal waren, wie für die Erzieherinnen der stressige Alltag mit unzähligen Kleinkindern, die rauften, kreischten und lachten.

Im Kindergarten schlossen wir auch unsere ersten Freundschaften, von denen manche bis in die Teenagerjahre anhielten und womöglich noch länger. Überwiegend fand man seine Freunde in derselben Gruppe, manchmal jedoch auch in einer anderen, auf jeden Fall hatten wir welche, und das bereicherte unser junges Leben ungemein.

## Die Nachmittage unseres heiteren Alltags

Die Nachmittage unserer Kindheit waren voll Freude und Spaß, Spielerei und Zankerei, jedoch unbesorgt und ohne großartige Relevanz.

Im Gegensatz zu unseren Baby-Zeiten, in denen wir lediglich unbeholfen auf dem Boden der Wohnung saßen, krabbelten und mit Gleichaltrigen nebeneinanderher spielten, verabredeten wir uns nun nachmittags mit unseren Freunden, die wir im Kindergarten kennen gelernt hatten. Oftmals vereinbarten diese „Termine" unsere Eltern für uns, indem wir sie über unser Anliegen informierten und sie dann bei den Eltern des Freundes oder der Freundin anriefen, um eine Uhrzeit und das bevorzugte Zuhause, wo gespielt werden sollte, auszumachen. Doch mit der Zeit lag es an uns, diese Telefonate selbst zu führen. Relativ früh wurden wir mit der

*Im Kindergarten war es zu jeder Jahreszeit kunterbunt.*

Technik konfrontiert, was uns den Einstieg in das Zeitalter der elektronischen Kommunikation vereinfachte und uns darüber hinaus zu einem Grundpfeiler des zukünftigen Fortschritts machte – wir waren bereits damals potenzielle Kunden, für die es jeglichen technischen Schnickschnack zu entwickeln gab, den wir heute als selbstverständlich ansehen und ohne den die meisten wahrscheinlich nicht mehr auskommen würden.

Waren die „formellen" Dinge erledigt, konnte es zur Sache gehen. Wir trieben viel Schabernack, der bei den Eltern stets für Verwunderung und Irritation sorgte. Unser Spielfeld war all das, woran wir heute vorbeigehen, ohne den Schauplatz vergangener Fantasien eines Blickes zu würdigen: Spielplätze, die Straße vor unserem Haus, wo man mit den Nachbarskindern Fußballduelle austrug und „doppeltes E" spielte. Und selbst unser Kinderzimmer wurde nicht zu selten in eine Welt verwandelt, wie man sie aus den kühnsten Science-Fiction-Filmen kennt, oder aber aus rosigen Romanzen, wie die Mädchen mit ihren Barbies und Puppen. Doch auch von den leckeren Süppchen, die in Mamas alten Kochtöpfen mit Unkraut, Erde und Blumen zubereitet wurden, blieben die Jungs nicht verschont, und der ein oder andere Unwissende schlürfte dann von dem Gebräu, das zum Glück nie giftig war.

Wir sahen die Welt mit anderen Augen. Mit Augen, die weder von Trauer noch von Sorge um den nächsten Tag getrübt waren, mit Augen, die ein einfaches „Räuber-und-Gendarm-Spiel" zu einem höchst Nerven aufwühlenden Szenario werden lassen konnten. Dieses simple Spiel, in dem die Guten die Bösen jagten, strotzte nur so vor Energie und

*Früh übt sich: Zwei junge Damen beim Einkaufen.*

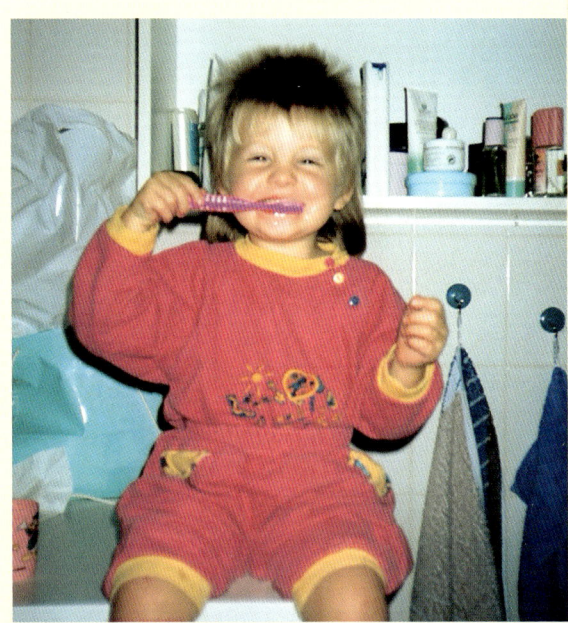

*... und nach dem Essen, Zähneputzen nicht vergessen.*

Euphorie, und jeder, der dabei war, verlor sich in dem Gedanken, seinen Gegner zu schnappen oder nicht geschnappt zu werden.

# Ein aberwitziger Ersatz für eine Sache, die wir Musik nennen

Musik gibt es schon ewig. In früherer Zeit wurden atemberaubende Symphonien komponiert, doch irgendwann wurde es wilder – die Instrumente wurden vielfältiger und die Musiker innovativer und experimentierfreudiger.

Letzteres ist das große Thema der Musik.

Mitte des letzten Jahrhunderts entwickelt sich Musik zu mehr als dem feinen Etwas für einen ruhigen oder glamourösen Abend – sie wird wilder, vielfältiger, experimenteller und sie wird ein essenzieller Teil des Lebens einer Generation, die wir Mama und Papa nennen. Sie werden von Musikern wie den „Rolling Stones" und den „Beatles", „ABBA" und den „Bee Gees", und die sehr jungen Elternpaare von „Depeche Mode", David Bowie und Kate Bush begleitet.

Natürlich gibt es zwischen diesen Musikern auch einige schwerwiegende Unterschiede, aber nichts ist mit dem vergleichbar, was in den 90er Jahren die Welt erobert: die Boygroups. Sie schlagen wie eine Bombe ein und hinterlassen ein Schlachtfeld kreischender Teenies, die unter Tränen und maßlosem Liebeshunger die Poster von „Caught in the Act" oder den „Backstreet Boys" anhimmeln.

Musik ist nicht mehr das, was sie vorher war, die Boygroup-Ära sprengt alle Rahmen; Musik wird prostituiert und verliert ihren eigentlichen Sinn. Übrig bleiben ein paar Knaben mit blondiertem Haar, offenem Hemd, muskulösem Oberkörper und

lieblicher Stimme. Und doch erobern sie ein paar Jahre später unsere Herzen, denn wer kann diesem perfekten Aussehen und den dramatisch performten Liebeserklärungen schon widerstehen? Niemand. Die Jungs sind neidisch und werden stilistisch inspiriert, und die Mädels verfallen oft einer Art Wahn, der fanatische Züge annimmt und die Eltern darum bangen lässt, ob ihr „Kleines" je wieder normal werden würde.

Die Ironie an der Sache ist, dass heute beinahe jeder von uns abstreiten würde, jemals ein Boygroup-Fan gewesen zu sein, aber in Wahrheit waren wir es alle, jeder, und keiner kann so tun, als wäre es nie passiert; als hätte uns diese Welle nicht auch mitgerissen. Somit sind wir Mitgestalter am Erfolg der Vermarktung von Starkonstellationen aus den Studios findiger Produzenten, wie Boyzone, Westlife, 'NSync, Brosis, SpiceGirls, Sugar Babes und Destinys Child. Doch das liegt wahrscheinlich daran, dass sich die Zeiten einfach geändert haben und andere Werte, wie Performance, Entertainment und simple Melodien an Bedeutung gewinnen. Wir machen einen Sprung in die Generation des Fortschritts und des Profits, in einer Art und Weise, wie sie davor nicht zu erahnen war. Was dabei rauskommen wird ist noch unklar, sicher ist nur, dass die Welle der in Castingshows kreierten Künstler und Bands noch längst nicht vorbei ist.

*Die Backstreet Boys waren eine der ersten Castingbands.*

*Tausend Farben, tausend Steinchen, tausend Ideen.*

# Bunte Welten
# aus Plastiksteinen

Eines der bei Mädchen wie Jungen beliebtesten Spielzeuge schlechthin war LEGO. Doch im Prinzip war es nicht das Spielzeug im eigentlichen Sinn, wie zum Beispiel eine Barbiepuppe oder eine Actionfigur; es war vielmehr eine Zusammensetzung von unendlichen Spielmöglichkeiten mit der Idee, sich selbst mit Kreativität und Einfallsreichtum als Erschaffer einer selbst inszenierten Welt auseinanderzusetzen. Autos, Häuser, Bergwerke, Festungen, Straßen, Eisenbahnlinien, Schiffe, Unterwasserlabore, Polizeistationen, Feuerwehr, motorbetriebene Fahrzeuge und ganze Städte waren nur einige von vielen Optionen.

Das Tolle an LEGO war eigentlich nicht, dass man nach dem Zusammenbauen via Anleitung oder frei Kopf mit den Objekten spielen konnte, sondern dass man Stunden damit verbringen konnte, sich einzelne Baukörper nach den eigenen Vorstellungen zusammenzusetzen. Ich erinnere mich an ganze Nachmittage, an denen wir ausschließlich damit beschäftigt waren in einer Art Trance in den LEGO-Kisten zu wühlen und das eine Teil zu finden, welches noch fehlte, um der Vision der gewünschten Kreation einen Schritt näher zu kommen. War man dann fertig und hatte mühevoll in möglichst einheitlichen Farben seine Ideen verwirklicht, fragte man sich oft, weshalb man jetzt noch ausgiebig damit spielen sollte. Denn irgendwie ging es mehr um das Bauen als um das Spielen mit den verkrampften LEGO-Männchen in ihren Forts und Unterwassermobilen. Natürlich war es auch unterhaltsam, mit seinen Freunden kleine Duelle auszufechten und Missionen zu erfüllen, aber mit den Freunden eine gemeinsame Vorstellung eines Gebäudes, Fahrzeuges oder Bootes, oder vielleicht auch alles miteinander

*Beim Spielen draußen waren wir meist eine bunte Truppe.*

kombiniert, Realität werden zu lassen, hatte doch den größeren Reiz. Und nun, im Nachhinein, wo man mit den Begebenheiten auf der Welt ein wenig enger vertraut ist, macht sich die Schlussfolgerung in mir breit, dass es dabei lediglich um zwei simple Lebensweisheiten ging, welche sich später im wahren Leben als zutreffend erweisen sollten: Erstens, der Weg ist das Ziel und zweitens, es ist ein gutes Gefühl, nach getaner Arbeit auf das Ergebnis zu blicken und zufrieden zu sein, über das, was man geschafft hat.

Somit war LEGO nicht nur ein einfaches Spielzeug, das Freude machte und das man allein, aber auch gemeinsam in der Gruppe spielen konnte, sondern auch eine frühe Version von Doktor Shivagas Gehirnjogging und

der Prozess vom Umsetzen greifbarer Miniaturmanifeste aus Plastiksteinchen.

## Wir wollten einfach kein Ende finden

Wenn die Kirchenglocke 18 Uhr läutete, war es für uns Zeit, den Heimmarsch anzutreten. Des Öfteren waren hierbei unsere Kleidungsstücke nicht mehr in demselben Zustand wie beim Aufbruch, doch zweifellos juckte das keinen von uns – nur unsere arme Mutter, die mittlerweile Übung darin hatte, Löcher zu stopfen und die Buntwäsche mit dem richtigen Weichspüler zu waschen; wir hingegen hatten Übung darin, uns gute Ausreden für die dreckigen und kaputten Hosen auszudenken und gehorsam und einsichtig zu sein, wenn man uns empört mit angehobener Stimme fragte, wie zum Teufel man das dieses Mal wieder angestellt hätte – wahrscheinlich hatten unsere Eltern damals ein aberwitziges Déja-vu, dass sie an ihre eigenen Kinderjahre erinnern ließ; natürlich erst nachdem sie uns eine Standpauke gehalten hatten.

Nichtsdestotrotz neigte sich der Tag langsam dem Ende und für uns wurde es Zeit, ins Bettchen zu hüpfen, was wir allerdings nie wollten und nicht verstanden. Doch wir mussten. Andernfalls wären womöglich Zorn und Strafe auf uns niedergeprasselt wie ein kühler Platzregen im Sommer.

Mit der Zeit akzeptierten wir die Tatsache, dass wir um 20 Uhr spätestens im Bett sein mussten, auch wenn wir es nicht wirklich verstanden, denn wir konnten einfach nicht genug kriegen von der Welt, die wir immer und immer mehr kennen lernten, und derer wir augenscheinlich nie satt wurden.

## Die wohl beliebteste Spielkonsole der Welt

Im Jahr 1994 verkauft die Firma Sony ihre erste Playstation. Was viele nicht wissen ist, dass für die Produktion der Playstation 1 eine spezielle Tochterfirma, Sony Computer Entertainment, gegründet wird. Vorsitzender ist der Japaner Ken Kutaragi, welcher letzten Endes auch dafür verantwortlich ist, dass diese Konsole die zweiterfolgreichste aller Zeiten wird und dabei nur vom Verkauf des Nachfolgers Playstation 2 mit 102 Millionen Verkäufen übertroffen wird. So kommt es, dass die bis dahin erfolgreichste Spielkonsole Nintendo von ihrem Thron geschubst wird. Charakteristisch und einzigartig für die Playstation ist, dass die Spiele nicht mehr von großen Plastikkassetten, sondern von CD-Roms mit Hilfe eines Lasers abgespielt werden – ein immenser Fortschritt in der technischen Entwicklung.

*Die Faszination Playstation wird uns erst ein paar Jahre später in ihren Bann ziehen.*

*Was mag da wohl drin sein?*

## Blinde Kühe, zertrümmerte Töpfe und Eins-A-Speisen

Könnt ihr euch noch an den ersten Kindergeburtstag erinnern, auf dem ihr wart? Ich auch nicht, aber es gab unzählige und wunderschöne Geburtstage, auf denen Kinderaugen strahlten wie funkelnde Sterne, wenn

*Ohne ein breites Grinsen war ein Geburtstagsmorgen unvorstellbar.*

sie die ganzen Spielsachen und Süßigkeiten sahen, auch, wenn sie dem Geburtstagskind gehörten. Wir sangen die Lieder, die wir aus dem Kindergarten kannten, spielten Spiele, die gerade bei solchen Geburtstagen ein ganz besonderes Gefühl in uns weckten, und aßen das feinste Essen: Kuchen, Torten, Pommes, Gegrilltes und vieles, vieles mehr.

Es wirkte alles irgendwie magisch und man wollte nicht, dass dieser Tag endete, selbst, wenn es nur der Geburtstag eines Freundes war. Dafür war einfach alles zu perfekt, oder nicht? Es war, als hätte sich der Spiel- und Spaßgott höchstpersönlich einen Plan für diesen Tag ausgedacht, so dass Langeweile nicht vorkommen würde, höchstens mal ein kleiner Streit.

Zu diesen Zeiten verbrachten wir die Geburtstage im Haus des Geburtstagskindes, später wurden dann auch Ausflüge in die Eishalle, zur Kegelbahn oder ins Schwimmbad unternommen, doch im Kindergartenalter waren wir mit Spiel und Spaß im Haus und Garten voll und ganz zufrieden. Alle waren da, und alle hatten ihr Vergnügen, vor allem, wenn es „Essen fassen" hieß oder ein neues Spiel angekündigt wurde. Die damaligen Knaller waren definitiv „Verstecken im Haus und Garten", „Topfschlagen" oder „Blinde Kuh". Dabei verflogen die Stunden wie im Flug und ehe man überhaupt darüber nachdenken konnte, ging die Feier zu Ende und für uns ging es heimwärts, nachdem wir zum Abschied und als Dankeschön eine Kleinigkeit geschenkt bekamen. Das konnte von Spielzeugautos über seltsam aussehende Plastikzwillen bis hin zu einer Süßigkeiten-Tüte gehen, und nach ein paar erlebten Geburtstagen freute man sich darauf insgeheim, obwohl es Hand in Hand mit dem Ende der Feier ging. Heute kann man sagen, es war ein diplomatisch gut ausgeklügelter Plan, den quengelnden Kindern den Abschied zu erleichtern, indem man sie mit Schnuckzeug besticht – nicht schlecht.

## Mit 95 Fenstern in eine neue Welt

1995 entwickelt ein Unternehmen mit dem allseits bekannten Namen Microsoft Corp. ein Betriebssystem für Computer, welches zwar immer noch auf MS-DOS (ist für das Starten, Systemprozesse und Treiber zuständig) basiert, aber erstmals eine unschlagbare 32-Bit-Technik hervorbringt, was die bis dahin bekannte 16-Bit-Version als veraltet degradiert. Verkauft wird diese Version unter dem Namen Windows 95 und ist – im Gegensatz zu den anderen Systemen – beeindruckend wegen seiner benutzerfreundlichen Bedienung, die nun jedermann verstehen kann. Ähnlich wie die Playstation einen Meilenstein mit ihrem CD-Laufwerk gesetzt hat, revolutioniert Windows 95 die Computertechnik.

Für die Startmelodie lassen die Microsoft-Spezialisten, angeführt von ihrem Gründer Bill Gates, einen Komponisten ein Musikstück komponieren, das inspirierend, universell, optimistisch, futuristisch, gefühlvoll und emotional klingen soll – und dennoch die Zeit von drei Sekunden nicht überschreitet. Dem Komponisten Brian Eno gelingt es, diese Adjektive in einem Lied zu vereinen und das Produkt kommt auf den Markt – mit der Startmelodie, die wohl jeden von uns schon mindestens einmal zur Weißglut getrieben hat.

Dank dieses Systems wird das Computerzeitalter ins Rollen gebracht und im Verlauf der folgenden zehn Jahre steigt die Zahl der PCs in Privathaushalten von beinahe 0 % auf knapp 80 % – das heißt, vier von fünf Haushalten in Deutschland besitzen 2005 einen eigenen PC.

## Folter auf der Kirchenbank und viel zu viele Geschenke

Weihnachten wurde erst dann richtig interessant für uns, als wir bewusst wahrnahmen, dass es Geschenke im Überfluss gab. Wir fingen bereits Monate vorher an, unsere Wunschzettel für den Weihnachtsmann zu schreiben. Und da war wirklich alles drauf, was ein Kinderherz höher schlagen ließ: Eine Miniküche aus Plastik, Playmobilhäuser, Puppen, elektrische Mini-Motorräder und vieles mehr. Oft war die Wunschliste so lang, wie die Spielzeugprospekte im Briefkasten dick.

Hatten wir dann mit den letzten Kraftreserven alles Erdenkliche aufgemalt, geklebt oder aufschreiben lassen, so händigten wir den Wunschzettel unseren Eltern aus, und Mama und Papa schickten ihn dann an den Weihnachtsmann. Dieser hingegen war jedoch kein Geringer als ein guter Freund der Eltern, der Patenonkel oder der freundliche Nachbar von nebenan. Doch davon ahnten wir damals natürlich noch nichts; für uns war das alles echt. Die Nächte kurz vor Weihnachten waren unerträglich. Wir malten uns die Welt so wunderbar aus, wie sie nur irgend sein könnte, wenn wir die ganzen neuen Spielsachen in den Händen halten würden.

Je näher der 24. Dezember rückte, desto aufgeregter und nervöser wurden wir, und es war eine Qual, die Stunden und Minuten zu zählen, bis zum ersehnten Heilig Abend.

Und dann war es so weit – der Morgen des 24. Dezember stand vor der Tür, und die letzte Nacht vor dem Heilig Abend war überstanden. Wie schön war das Gefühl, sagen zu können: „Heute ist es soweit", oder?

*Überwältigt vom Glück handelten wir nicht immer verständlich.*

Am Morgen des 24. Dezember saßen alle gemeinsam zum Frühstück an dem Tisch, der schon die ganze Adventszeit über glanzvoll verziert war mit allerlei Weihnachtsdekoration. Den Tag verbrachten wir damit, alte Weihnachtsklassiker und schöne Remakes in allen Varianten zu sehen, oder aber wir spielten Familienbrettspiele wie „Mensch-ärgere-dich-nicht" und „Memory". Wir Kinder genossen die feierliche Stimmung und warteten ungeduldig, bis es so weit war, und unsere Eltern machten sich einen unglaublichen Spaß daraus, uns immer wieder auf die Folter zu spannen.

Bei Kerzenlicht und Weihnachtsplätzchen genossen wir ein wenig die gemütliche Atmosphäre und machten uns dann bereit, in die Kirche zu gehen. Das war für die meis-

ten von uns wiederum eine Tortur – eine ganze Stunde ruhig dasitzen, anderen Kindern bei der Vorführung eines wundervoll inszenierten Krippenspiels zusehen und die ewig lang erscheinende Predigt vom Pfarrer ertragen. Doch auch das steigerte die Spannung und Vorfreude auf die Weihnachtsfeier zu Hause.

Wir saßen gespannt um den im meist elektrischen Lichterglanz erstrahlenden Weihnachtsbaum und erwartete den Weihnachtsmann; der Mann mit dem Sack, in dem das Glück unserer nächsten Wochen lag. Wenn es dann an der Tür klingelte und es hieß: „Das muss er sein", stockte uns beinahe der Atem ... manchmal auch aus Angst vor dem Weihnachtsmann an sich, da er mit seiner rauen „Ho-ho-ho-Stimme" und der Befremdlichkeit, die er an sich hatte, doch ein wenig unheimlich wirken konnte. Aber egal, er blieb ja nicht ewig, und der Anblick der schön verpackten Geschenke ließ die Welt um uns herum verschwinden. Unsere Augen wurden größer und größer, und der Sack des Weihnachtsmanns leerer und leerer. Die Geschenke verloren ihren mühevoll hergerichteten bunten Papiermantel und offenbarten ihr Inneres. Nicht immer fanden wir unter den Fetzen des Geschenkpapiers all das, was auf unserer Megaliste stand, doch egal, was dann letztlich dort lag – es war der krönende Abschluss des Jahres für uns. Nachdem die Geschenke fertig ausgepackt waren und wir alles begutachteten und uns herzlich beim Weihnachtsmann und den Eltern bedankt hatten, fingen wir entweder gleich an, die Geschenke auszutesten und mit ihnen zu spielen, oder aber wir spielten noch ein Brettspiel, bis es dann allmählich spät für uns wurde und wir beruhigt und selig einschlafen konnten.

Was für ein schöner Heilig Abend! Wievielmal noch schlafen bis zum nächsten Weihnachtsfest?

## Sieben WM-Titel für Deutschlands „Schumi"

Michael Schumacher, geboren am 3. Januar 1969 in Hürth-Hermülheim, gilt als der erfolgreichste Pilot der Formel-1-Geschichte. Nachdem der junge Rennfahrer Michael Schumacher von der Formel-1-Firma „Jordan" zu „Benetton-Ford" gewechselt hat, gelingt ihm 1994 mit seinem ersten Weltmeistertitel der erste Schritt in eine unglaubliche Karriere. Auch in der nächsten Saison beweist Michael Schumacher Stärke und Souveränität, denn auch am Ende des Jahres 1995 steht „Schumi" als Weltmeister der Formel 1 ganz oben auf dem Treppchen.

Ein Jahr später wechselt Schumacher zum neu aufgebauten Team von Ferrari, um dort ebenfalls für einen rasanten Aufstieg der Firma zu sorgen. In den Jahren von 2000 bis 2004 erringt er für Ferrari fünfmal den Weltmeistertitel in Folge. Erst 2005 kann ihn Fernando Alonso vom Siegertreppchen (auf Platz drei) stoßen. Mit Ende der Saison 2006 verabschiedet sich Michael Schumacher mit einem Vizeweltmeistertitel aus dem Formel-1-Rennsport.

*Schumi bejubelt seinen ersten Weltmeistertitel.*

# Vom Peter Pan zur Lernmaschine

## Das 7. bis 10. Lebensjahr

### Prall gefüllte Zuckertüten

Mit sechs oder sieben Jahren war es dann so weit: Der Tag unserer Einschulung in die örtliche Grundschule war gekommen. Ein neuer, wichtiger Lebensabschnitt brach an und wir wussten zum allerersten Mal in unserem bis dahin so sorglosen Leben, dass es nun ernst würde. Mit unser unschuldigen Seele hörten wir leicht verängstigt und verunsichert unseren Eltern und Verwandten zu, wenn es hieß: „Ab jetzt wird alles anders, mein Kind."

Von diesen Worten begleitet – untermalt mit dem ein oder anderen aufmunternden Satz – trafen wir dann alle schick, aber trotzdem zeitgemäß, in der jeweiligen Aula unser Schule zusammen, um diesen großen und monumentalen Augenblick angemessen erleben zu können.

Meist führten die „Großen", die bereits in der dritten oder vierten Klasse waren, ein liebevoll vorbereitetes Theaterstückchen vor, um uns die Einschulung so angenehm wie möglich zu

*Was wäre die Einschulung ohne die irren Farbkombinationen der 90er gewesen?*

# Chronik

7 bis 10 LEBENSjahr

**15. Mai 1996**
Der FC Bayern gewinnt den UEFA-Cup nach einem 3:1-Sieg im Rückspiel gegen Girondins Bordeaux.

**6. Juli 1996**
USA, Russland und Deutschland sind erfolgreichste Nationen bei den XXVI. Olympischen Spielen in Atlanta, USA.

**27. September 1996**
In der afghanischen Hauptstadt Kabul entsteht eine radikal-islamische Regierung.

**28. Februar 1997**
Mit 4,67 Millionen Menschen erreicht die Arbeitslosigkeit in Deutschland einen Nachkriegsrekord.

**27. Juli 1997**
Fahrradprofi Jan Ullrich wird Sieger der Tour de France.

**31. August 1997**
Die englische Prinzessin Diana verunglückt in Paris tödlich.

**1. Januar 1998**
In Deutschland wird der Solidaritätszuschlag von 7,7 auf 5,5 Prozent gesenkt.

**20. April 1998**
Das Zugunglück von Eschede fordert 101 Tote.

**27. September 1998**
Gerhard Schröder wird Bundeskanzler der BRD.

**1. Januar 1999**
Einführung des Euro als Buchgeld.

**11. März 1999**
Bundesfinanzminister Oskar Lafontaine tritt nach einer Richtungsänderung der Regierung von allen seinen Ämtern zurück.

**19. April 1999**
Der Deutsche Bundestag nimmt im Berliner Reichstagsgebäude seine Arbeit auf.

**1. Juli 1999**
Johannes Rau (SPD) wird neuer Bundespräsident.

gestalten, und wir schauten mit großen Augen erwartungsvoll auf die Bühne – voller Spannung, wie es nun weitergehen würde. Im Kindergarten waren wir im letzten Jahr die Großen der Kleinen, doch in dieser riesigen Halle, die geradezu nach Veränderung und Ordnung roch, spürten wir nur zu gut, wie klein wir waren und wie viel noch vor uns lag. Die Vorfreude auf die Schule paarte sich mit einer gewissen Angst. Und dann war da noch die Zuckertüte, die bei den meisten monströs ausfiel. Sie verschönerte uns den Tag und ließ uns dank des wunderbaren Inhalts, der bei jedem mindestens genauso unterschiedlich war wie die vielen jungen Gesichter, die Angst vor dem Neuen und Unbekannten vergessen, so dass wir schließlich in unsere Klassen eingeteilt werden konnten.

Da war man nun, klein und unbeholfen, einen kleinen Schritt näher an dem, was so wichtig für die Bildung eines Individuums ist, und lauschten angespannt dem Lehrer, der unsere Namen aufrief und uns in die jeweiligen Klassen einteilte. Anschließend – irgendwo in der Nähe der Schule, wo das Ambiente freundlich und geeignet war – schauten wir dann, so wie es uns gesagt wurde, lächelnd in die Kamera, um diesen Tag auf einem unvergesslichen, ersten Klassenfoto festzuhalten.

Wahrscheinlich fliegt dieses Klassenfoto mittlerweile irgendwo in unserem Zimmer rum, da wir im Laufe der Zeit viel wichtigere Dinge um die Ohren hatten. Doch auch ohne das Bild ist die Erinnerung an unsere Einschulung bei jedem Einzelnen noch so deutlich, dass es eines Bildes eigentlich kaum bedarf – Die Gesichter und die Eindrücke dieses Tages waren einfach zu prägend, als dass wir sie schon vergessen haben könnten.

## Quizshows – viel Geld und hohe Einschaltquoten

Quizshows gibt es schon lange. Es gibt sie schon seit zwanzig oder dreißig Jahren. Am 3. September 1999 hat wieder einmal eine Quizshow ihre Premiere im deutschen Fernsehen mit Günther Jauch, einem gelernten Journalisten und bis dato eher Unbekanntem auf der Mattscheibe. Auch wenn diese Show nur eine weitere auf der langen Liste der Quizsendungen ist, so gibt es doch einen Unterschied, der die Einschaltquoten des beliebten Senders RTL in die Höhe treibt: Geld, unfassbar viel Geld, welches ein Einzelner gewinnen kann, sofern er über ein großes Allgemeinwissen verfügt und ein gutes Nervenkostüm hat: Eine Million Deutsche Mark ist die höchste Prämie, die man gewinnen kann. Allerdings schaffen es viele nicht einmal bis an die 2000-Mark-Grenze, da sie die nicht immer einfach zu durchschauenden Fangfragen im Übereifer falsch beantworten. Die Sendung ist humorvoll, spannend und voller Emotionen. Innerhalb kürzester Zeit ist Jauchs Quizshow „Wer wird Millionär?" die beliebteste Sendung im Fernsehen und der Moderator selbst einer Umfrage zufolge Deutschlands begehrtester Schwiegersohn. Mehr hätte sich der Sender nicht wünschen können, außer vielleicht, dass niemand im Stande wäre, die Millionen-Frage zu beantworten.

Bis heute wird die Ratesendung ausgestrahlt und mittlerweile ist nicht mehr „nur" eine Million D-Mark, sondern eine Million Euro zu gewinnen. Einmal in der Woche ist es möglich, mitzufiebern und die eigene Intelligenz zu testen, und sich im besten Fall im Stillen auf die Schulter zu klopfen und zu denken: „Hätte ICH doch nur dort auf dem Stuhl gesessen …"

*Günther Jauch moderiert die Quizshow*
*„Wer wird Millionär?".*

## Stundenplan:
## Rechnen, Schreiben, Lesen

Mit dem Tag unserer Einschulung kam auch das Ende unserer totalen Freiheit – wir mussten nun Schulaufgaben erledigen und wurden vorbereitet auf die Welt der Erwachsenen, der Arbeit und der Verantwortung. Doch damit eröffneten die Lehrer nicht die erste Unterrichtsstunde, es kam Stück für Stück – langsam, aber unausweichlich, und entweder man passte stets gut auf, oder es drohten Versäumnisse, deren Ausmaß genauso schleichend wuchs wie das Gelernte.

Auch wenn das stille Absitzen auf den Holzstühlen zu Beginn ungewohnt war, fanden wir die Schule gar nicht mal so schlecht, was uns das Lernen erleichterte, da es Spaß machte und man im kindischen Kopf auch nicht

*Wie schreibt man doch gleich „Brinsässin"?*

Damals war es verdammt einfach, uns junge Schüler zu motivieren und anzuspornen. Es war egal, ob das für Hausaufgaben galt oder für die Beteiligung am Unterricht. Die Sternchen, die man in sein Hausaufgabenheft oder in die Liste des Lehrers eingetragen bekam, waren jede Anstrengung wert und erfüllten unsere kindlichen Herzen mit einer Art Stolz, der uns heute nur noch dann die Endorphine durch die Adern pumpen lässt, wenn wir wirklich wichtige und einzigartige Ziele erlangt haben.

Doch in den ersten Schulklassen war das einfacher. Fleiß und Ordnung waren die Devise, Hausaufgaben und Aufpassen im Unterricht die Bedingung.

Vielleicht könnt ihr euch auch noch an den Klassenclown erinnern, den es sicherlich bei jedem von euch in der Klasse gab und der ständig Quatsch machte und für Unruhe

*Manchmal war es unverkennbar,*
*wer ein potenzieller Klassenclown war.*

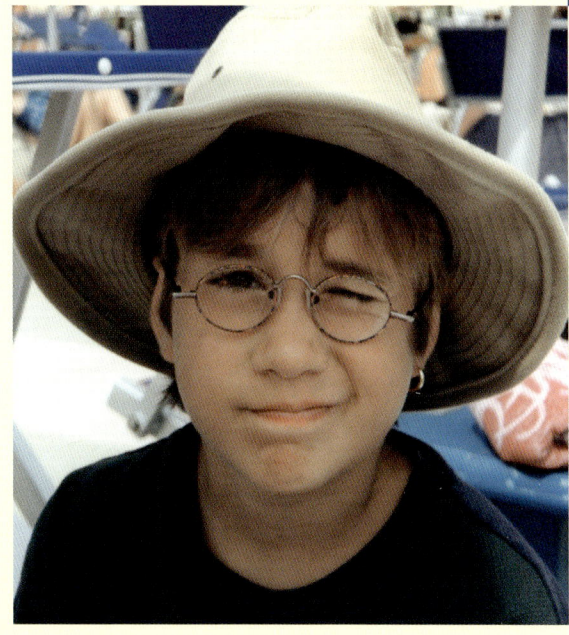

mehr darin sah als ein Spiel, bei dem es wichtig war, gut zu sein, und somit lernten wir fleißig das ABC und die Zahlen von eins bis zehn. Später lernten wir das Schreiben; jeden einzelnen Buchstaben haben wir sicherlich um die hundert Mal geschrieben, bis wir ihn schließlich aus der Routine sauber und gut lesbar auf das Blatt zaubern konnten. Und auch, wenn die dicken Bleistiftminen unseres Lamy-Holz-Schreibers wöchentlich aufgebraucht waren, so wurden wir des Lernens nie müde oder jedenfalls selten.

Um uns das Lernen noch einen Tick zu verschönern, hatte so gut wie jede Klasse ihr eigenes Klassenplüschtier – bei uns war es „Quiesel", eine blaue Handpuppe mit rotem Schnabel und grünen Armen, die jeder einmal mit nach Hause nehmen durfte; wahrscheinlich aus pädagogischen Gründen, nämlich um das Verantwortungsbewusstsein zu steigern.

*Sieg auf der ganzen Linie; vielleicht aber auch nur der dritte Platz.*

sorgte. Aber seien wir mal ehrlich: Was wäre die Schule ohne diese Zappelphillips gewesen? Sie lockerten die Stunden auf und sorgten für Spaß. Zwar ernteten sie dafür die entsprechenden Noten, aber andererseits mochte sie jeder, diese Clowns mit den vorlauten Sprüchen. Doch selbst sie konnten unsere Pflichten nicht über Bord werfen; wir mussten trotzdem rechnen und Geschichten schreiben, mit Wachsmalern malen und auf der Blockflöte trillern. Es blieb uns nichts erspart. Aber zum Glück hatte jeder seine Stärken und seine Schwächen. Die einen waren in Musik grandios, aber dafür in Rechnen eine Niete, und die anderen konnten herrlich schreiben, doch nicht einmal ein ordentliches Strichmännchen zeichnen, und dann gab es noch jene, die in allem gut waren. Damals beneideten wir sie noch dafür, heute nennt man sie des Neides wegen Streber.

Doch sei es wie es sei, die Grundschule hatte stets einen gewissen Spaßfaktor und war im Vergleich zu den späteren Erfahrungen in der Schule genauso spielerisch wie der Kindergarten. Und ich empfehle jedem von euch, die alten Hefte einmal rauszukramen und sich ein Stündchen Zeit zu nehmen, um sich seine alte Schrift zu Gemüte zu führen oder aber die ersten Zeugnisse, die aus reinem Text bestanden und nur selten negative Aspekte aufwiesen. All das sind Dokumente, die den Anfang unserer „Karriere" formten und zeigen, wie alles begann.

## Der vorpubertäre Wahnsinn

Ich weiß gar nicht mehr genau, wann die ganze Geschichte mit dem Geschlechterkampf anfing, aber auf einmal war er da und zog uns alle in seine verrückten und aberwitzigen Spielchen. In der Zeit des Kindergartens waren die Jungs meistens für sich und die Mädchen ebenfalls, doch eine gewisse Akzeptanz des anderen Geschlechts war vorhanden, und nicht selten bildeten sich auch gemischte Freundschaften.

Doch die Zeit lehrte uns eine neue, wichtige Erkenntnis: Mit dem Frieden verhält es sich wie mit dem Glück – sie unterliegen der Zeit, nicht der Ewigkeit. Und so kam es, dass man in der Grundschule mit Gehässigkeiten konfrontiert wurde – egal, auf welcher Seite man war, wir fanden einander blöd. Allein diese Tatsache genügte, um die heftigsten Konversationen vom Zaun zu brechen, wie: „Igitt, bist du eklig!" – „Und du bist doof!" – „Selber, selber, da lachen alle Kälber …", und beendet wurde solch ein bösartiger

*The KKK took my Baby away.*

*Das schindet Eindruck …*

*… das aber auch!*

Streit meist mit der unschlagbaren Aussage „Du bist immer einmal dümmer als ich." So ging das jeden Tag; in der Schule, auf dem Heimweg oder nach der Schule auf dem Spielplatz. Doch getreu dem Motto „Was sich neckt, das liebt sich" fühlten wir uns auch zu dem anderen Geschlecht hingezogen, verspürten ein unbekanntes Interesse und waren schlichtweg überfordert, damit anders umzugehen, als es Kinder nun mal tun – wir ärgerten, schimpften und fauchten. Denn so absurd uns einst die Vorstellung erschien, mal an der Seite eines Mädchens oder Jungen zu sein, hörten wir doch alle irgendwann auf mit den Kabbeleien und verweilten so lange in innerer Stille, bis ein neuer Kampf ausbrach: Der Kampf um die Herzensdame oder den Traumprinzen. Doch das kam erst später.

*Kohl geht, Schröder kommt.*

## Jeder Kohl wird irgendwann schlecht – auch Helmut

Sechzehn Jahre sind eine verdammt lange Zeit, in der viel passieren kann. Und 1998 ist es an der Zeit, dass sich an der deutschen Regierung etwas ändert. Seit 1982 schmückt Helmut Kohl großflächig das Amt des Bundeskanzlers – zuverlässig, kapitalbewusst und mit prachtvollem Auftreten –, aber nichtsdestotrotz muss er den Weg frei machen und dem SPD-Kanzlerkandidaten Gerhard Schröder das Steuer überreichen, was nicht nur für das Volk ein Grund zum Feiern ist, sondern auch – und das ganz besonders – für die SPD, denn die feierte nach 26 Jahren – und davon 16 Jahre unter Kohl – ihr großes Comeback. Fortan werden wir also von sozialen – und nicht christlichen – Demokraten durch Krisen und Erfolge geführt. CDU/CSU machen mit ihrem Regierungspartner FDP tapfer Platz für eine neue Regierungskoalition der SPD mit den Grünen.

*Außergewöhnliche Feierlichkeiten benötigen außergewöhnliche Details – Silvester 2000.*

## Das Jahr, in dem die Zukunft eine große Rolle spielte

1999 war ein verrücktes Jahr. Wir blickten dem Jahrtausendwechsel entgegen und die Menschheit spielte verrückt – jedenfalls diejenigen, deren Zeitzählung vor eintausendneunhundertneunundneunzig Jahren begann.

Es war ein Grund, die Menschheit und ihren Fortschritt, ihre Erfindungen und Verbesserungen zu feiern, und letzten Endes auch eigene gute Vorsätze mit ins neue Jahrtausend zu nehmen. Allerdings hielt sich die Freude eher in Grenzen, denn wenn ich mich zurückerinnere, blitzen auch viele bedrohliche Bilder vor meinem inneren Auge auf. Die Angst vor einem riesigen Computercrash machte sich breit, ebenso wie Theorien, die

Welt werde untergehen, nicht einfach so, sondern mit einem gewaltigen Knall und viel Rauch. Doch es kam zu nichts, und all die Menschen wirkten überrascht – und viele posaunten herum, sie hätten es doch sowieso die ganze Zeit über gewusst. Von den Prophezeiungen für den Jahrtausendwechsel erregte das meiste Aufsehen die des „Nostradamus", der die Vision des Weltuntergangs verbreitete. Dieser Vision zufolge würde etwas Grausames passieren, sobald die Uhren zwölf schlügen, und die Menschheit wäre dem Untergang geweiht. Im Nachhinein scheint diese Vision eher wie die biblische Verbildlichung der Hölle. Doch damals, und das ist gar nicht

31

mal so lange her, waren wir alle verwirrt, denn das Thema machte sich in unseren Köpfen breit und wir „Kleinen" waren die Leidtragenden. Für uns war es nicht einfach Nonsens; wir glaubten das, was wir hörten. Ich erinnere mich noch, dass wir Kinder uns mit diesem Thema auseinandersetzten und es uns jedes Mal trübsinnig machte, da die Vorstellung, bereits in wenigen Monaten einfach so in die Luft zu fliegen, mit neun Jahren etwas beängstigender sein kann, als unsere Eltern es vermuteten.

Als es dann so weit war und die Silvesterfeier vor der Tür stand, lag eine Spannung in der Luft, die ihresgleichen suchte. Manche Leute hatten die größten Partys geplant und sich die extravagantesten Orte ausgesucht, um dieses Event zu erleben, und warum auch nicht? Entweder war danach eh alles vorbei oder eben nicht. Wenn ja, so wäre man mit Stil und Klasse abgetreten,

und wenn nicht, würde es die größte, farbenfrohste und lauteste Silvesterparty aller Zeiten sein. Und das war sie, oder?! Hatte man seine 100 Böller schon verknallt, so gab es noch den Nachbarn, mit mindestens genauso viel Knallern, Heulern und Raketen. Von überall dröhnte laute Musik und das Gegröle von Menschen, die kein Morgen kennen. Dichter Rauch lag in der Luft und tausende von funkelnden Lichtern erhellten den Himmel, als das Jahr 2000 anbrach, und man fand wahrlich kein Gesicht, das nicht im wahnhaften Fieber des Millenniums gefangen war. Und auch, wenn wir dieses Silvester noch mit unseren Eltern feierten und im glücklichsten Fall noch Freunde dabei waren, so dürfen wir nicht vergessen, dass es in dieser Nacht keine Regeln gab, auch für uns nicht – wir durften bis zum Ende wach bleiben und unzählige Feuerzeuge missbrauchen, um die Bombenstimmung zu erhalten.

## Düstere Aussichten für intelligente Nachkommen

Mit dem Millennium-Gong wachgerüttelt, dachten sich einige Wissenschaftler, es sei vielleicht gar nicht mal so schlecht, zu sehen, was die neue Generation auf dem Kasten hat. Uns 90er betrifft das glücklicherweise zunächst nicht, aber ein repräsentativer Querschnitt der Schülerinnen und Schüler der 8. und 9. Klassen nehmen an dieser Studie im Jahr 2000 teil, die man „PISA" nennt und die von der OECD europaweit durchgeführt wird. Ziel der Studie ist es, die Testergebnisse der Schüler mit denen aus anderen EU-Ländern zu vergleichen. Was dabei herauskommt, ist im gleichen Maße überraschend wie erschreckend – unsere Jugend ist dumm; zwar solides Mittelfeld, aber dennoch nicht genug für das Land der Dichter und Denker. Ich bin mir nicht sicher, ob es aus Angst davor geschieht, nur ein mittelmäßiges junges Deutschland auf der Speisekarte stehen zu haben, oder ob Fürsorge und Empörtheit der

Grund dafür sind, neue Schulsysteme, Lehrplanänderungen und etliche andere Verbesserungsvorschläge als Folge eines unbefriedigenden Ergebnisses zum Diskussionsschwerpunkt in Politik und Lehrerzimmern zu machen. Und so kommt es, dass Politiker und Lehrer nicht nur denken wie die Weltmeister, sondern auch handeln wie ein Zahnarzt – Problem erkennen, an der Wurzel packen und rausziehen. Was dabei herauskommt: neue Schulformen, Abitur in acht Jahren und örtlich die Abschaffung der Förderstufe bzw. Orientierungsstufe, die man in gewissen Bundesländern als Grund des „Scheiterns" betrachtet. Zwar bleibt eine deutschlandweite Veränderung des allgemein Schulwesens aus, aber der Ruf der Jugend ist ruiniert. Aber vielleicht ist genau das die eigentliche pädagogische Maßnahme: Pein und Hohn als Druckmittel für eine zukünftig hoffentlich mehr motivierte Jugend.

*Ohne Worte.*

### Größere Dimensionen, höhere Erwartungen

Die Grundschulzeit war vorbei und wir machten uns auf in eine größere Welt, eine Welt, von der wie bereits viel gehört hatten, aber leider wenig gesehen. Ich kann mich noch gut daran erinnern, was für ein Gefühl es war, als wir in den ersten Tagen in der neuen Schule über den Schulhof huschten und – mit Kinderaugen – die anderen Schüler beobachteten, die Ecken des Schulhofs erkundeten und all die neuen Eindrücke auf uns wirken ließen. Wir bekamen eine leise Vorstellung davon, was das Leben für uns bereithielt, doch trotz allem schien dies noch in weiter Entfernung zu sein, beinahe unvorstellbar weit. Und somit träumten wir nur ab und zu davon, wie es wohl sein würde, wenn wir erst einmal in der neunten oder zehnten Klasse wären; wenn wir angesehen und cool sein würden; wenn wir die Großen wären.

*Photoshop war uns zwar noch kein Begriff, aber dennoch wussten wir Bilder in Szene zu setzen.*

Doch trotz alledem war es nicht schlecht, noch zu den Fruchtzwergen zu gehören, da sich relativ schnell erkennen ließ, dass es hier

# Chronik

**7. Mai 2000**
Wladimir Putin wird Russlands neuer Staatspräsident.

**27. November 2000**
Der Republikaner George W. Bush wird 43. Präsident der Vereinigten Staaten.

**1. Juni 2000**
Die EXPO 2000 wird in Hannover eröffnet. Sie ist die erste Weltausstellung in Deutschland und steht unter dem Motto „Mensch – Natur – Technik".

**11. September 2001**
Die Anschläge auf das World Trade Center und das Pentagon fordern tausende Tote und erschüttern die Weltöffentlichkeit.

**7. Oktober 2001**
Die USA intervenieren in Afghanistan und beginnen ihren Krieg gegen die „Achse des Bösen".

**1. Januar 2002**
Der Euro wird in den Bargeld-Umlauf gebracht.

**11. Januar 2002**
Die USA richten in Guantánamo auf Kuba ein Gefangenenlager ein.

**26. April 2002**
Ein Amoklauf am Erfurter Gutenberg-Gymnasium fordert 17 Menschenleben.

**August 2002**
Die Jahrhundertflut trifft große Teile Europas, vor allem den Osten Deutschlands.

**22. September 2002**
Gerhard Schröder (SPD) gewinnt knapp die Bundestagswahlen gegen Edmund Stoiber (CSU).

**15. Februar 2003**
Über neun Millionen Menschen demonstrieren weltweit gegen den Irakkrieg.

**20. März 2003**
Beginn des Dritten Golfkriegs: Deutschland und Frankreich stellen sich im Irakkonflikt gegen die Kriegspolitik der USA und Großbritanniens. Sie handeln sich damit von den USA harsche Kritik ein, aber auch Unterstützung von Russland und China.

*Im Bus auf zu neuen Abenteuern.*

definitiv anders zuging als in der Grundschule. Aber nicht nur auf dem Pausenhof mussten wir uns neu behaupten. Die neuen Fächer, Lehrer und Räume und nicht zuletzt die vielen Hausaufgaben stellten uns vor ganz neue Herausforderungen: Wo geht's noch mal zum Biologieraum? Wie heißt die Englischlehrerin doch gleich? Was haben wir in Mathe auf? Wer hat meine Musikmappe gesehen? Da musste man sich schon etwas besser organisieren und konzentrieren: Nun begann er wirklich, der Ernst des Lebens.

## Wer hätte das gedacht?

Wer hätte gedacht, dass uns die Pubertät so mitreißt? Wahrscheinlich niemand; man wollte einfach nicht wahrhaben, dass man irgendwann im Alter von elf oder zwölf Jahren völlig

*Verdrehte Tatsachen und doch auf dem richtigen Weg.*

wir eine Vorliebe für dieses unbekannte Wesen entwickelten und keine Möglichkeit ausließen, uns mit dieser aufregenden, kribbelnden Sache zu beschäftigen. Aus Hassbriefchen und Hänseleien wurden schüchterne Liebesbriefe und seltsame Annäherungsversuche, die meist darin bestanden, den anderen zu ignorieren und nur ganz selten, wenn es ja niemand mitbekam, einen kurzen Blick auf die neueste Flamme zu werfen.

Manche Teenager um uns herum blieben allerdings auch beinahe immun gegen die bizarren Ausformungen der Pubertät. Sie waren vielleicht stiller und zurückgezogener, aber nicht auffällig, so wie die meisten. Doch irgendwie gehörte es auch dazu, sich neu zu entdecken und sich mit den bis dahin unbekannten Problemen auseinanderzusetzen. Und letztendlich überstanden wir und unsere Eltern die schlimmste Zeit der „Abkoppelungsphase" ohne große Folgeschäden.

## Auf allen Sendern nur eine Nachricht

Wisst ihr noch, was ihr am 23. Juni 2001 gemacht habt? Nein? Ich auch nicht; es war einfach irgendein Tag im Jahr, wie jeder andere. Mag sein, dass an diesem Tag etwas Atemberaubendes geschehen ist, aber das Datum hat wohl keiner im Kopf behalten. Doch erinnert euch einmal daran, was ihr am 11. September 2001 gemacht habt. Ich weiß es noch ganz genau, so gut wie jedes Detail: Der Tag begann wie ein ganz gewöhnlicher; ich ging zur Schule, kam heim, und verbrachte den Nachmittag damit, etwas Skateboard zu fahren, und danach wollte ich vor dem Fernseher

hormongestört ist, doch wir waren es zweifellos. Biologisch erklärt bedeutete das für uns lediglich, dass wir den ganz normalen Weg der Abkopplung von den Eltern beschritten, alles ganz normal und genetisch bedingt.

In der Ausführung sah das jedoch alles andere als normal aus; wir entwickelten die verrücktesten Charakterzüge und betrachteten alles, was uns bis dato beigebracht wurde, als unsinnig, dumm und niemals notwendig. Schulaufgaben verloren an Bedeutung und wurden mit dem geringstmöglichen Aufwand erledigt, Eltern wurden zum Symbol der Peinlichkeiten und wir fochten alles an, was uns gesagt wurde.

Und mit der Abneigung gegenüber dem Elternhaus und der Schule kam die Zuneigung zum anderen Geschlecht. Aus heiterem Himmel konnten wir uns dabei ertappen, wie entspannen und meine Lieblingsserie schauen. Doch dort liefen nur Nachrichten, auf jedem Sender, und alle hatten dasselbe Thema: Zwei Flugzeuge, Typ Boeing 767, wurden von islamistischen Terrorristen entführt und in die soge- nannten Twin Towers des World Trade Center in New York gesteuert. Was wir dort im Fernsehen sahen, sollte als die größte terroristische Katastrophe in die Geschichte der Menschheit eingehen.

## Die schaurigen Gesichter des Terrorismus

Am 11. September 2001 kapern islamische Terroristen vier amerikanische Flugzeuge. Zwei davon werden in das World Trade Centers gesteuert und bringen die beiden Wolkenkratzer zum Einsturz. 2800 Menschen kommen dabei zu Tode, gefangen wie in einer riesigen Mausefalle, die langsam und brutal zuschnappt. Mehr als 400 Einsatzkräfte der Polizei und Feuerwehr lassen ebenfalls ihr Leben an diesem unvorhersehbaren Schauplatz des Todes. Ein weiteres der vier entführten Passagierflugzeuge wird in das Pentagon gesteuert, richtet aber keinen größeren Schaden an; das vierte Flugzeug verfehlt sein Ziel und stürzt über einem Feld ab, wahrscheinlich setzen sich die Passagiere zur Wehr und können einen weiteren Anschlag verhindern. Der Preis ist ihr Leben. Hintergrund für diesen terroristischen Anschlag ist vermutlich der Hass auf den amerikanischen Imperialismus und auf eine verfehlte Nahostpolitik der USA. Doch der Mensch, dem damit eine teuflische Botschaft überbracht werden soll, sitzt zwischen ein paar Kindern im Kindergarten und liest aus einem Buch vor, das auf dem Kopf steht.

Die Folgen dieses terroristischen Höhepunkts in der Geschichte der Menschheit sind nicht nur der tragische Verlust unschuldiger Bürger und ein riesiges Loch inmitten von Manhattan, sondern darüber hinaus der Beginn eines zweifelhaften Krieges zwischen den USA und Afghanistan, dessen Regierung angeblich in tiefer Verbundenheit mit den Attentätern des 11. Septembers, der „Al Qaida", steht. Doch ob ein Krieg durch einen Anschlag gerechtfertigt werden kann oder nicht, spielt anscheinend keine Rolle, und dass dabei stets Unschuldige ums Leben kommen auch nicht. Sicher ist nur, dass Gewalt und Skrupellosigkeit und Machtdemonstration ein neues, erschütterndes Gesicht erlangt haben.

Folgenschwerer Anschlag auf das WTC in New York.

## Technik im Kinderzimmer

Hätte man meinem Vater vor 30 Jahren erzählt, er würde ein mobiles Telefon im Taschentuchpäckchenformat haben und mit Hilfe eines rechteckigen Kastens durch die ganze Welt surfen, hätte er denjenigen für durchgeknallt erklärt oder angenommen, er stünde unter Drogen – so etwas gab es ja nicht einmal im James-Bond-Film.

Doch das war die Vergangenheit; die Zukunft ist hier und jetzt, und sie hat einiges zu bieten gehabt in den letzten Jahren, kein Zweifel. Vielleicht wisst ihr noch, wie euer Vater sein erstes Handy aus Geschäftsgründen hatte. Heute würden wir so etwas, denke ich, „sehr großes schnurloses Haustelefon" nennen. Schon wenige Jahre später gab es Handys in viel kleineren Variationen und mit neuen technischen Funktionen; Funktionen, die jenseits der Vorstellungskraft unserer Eltern lagen. Doch wir hatten sofort den gewissen Draht für diese hochtechnischen Errungenschaften und bestanden darauf, bereits mit zwölf oder 13 Jahren ein Handy zu besitzen. Und was mit ein paar wenigen Handys begann, entwickelte sich zum Boom unserer Generation. Ein Handy konnte den Status der Beliebtheit bestimmen und wurde ein lebenswichtiges Organ der Kommunikation zwischen Mädels und Jungs – wer ein Handy hatte, steigerte die Wahrscheinlichkeit, einen Partner zu finden mindestens um das Doppelte. Oder hättet ihr euch etwa getraut, die ganzen Dinge, die ihr mit 13 an die Liebste oder den Liebsten per SMS gesendet habt, ihr oder ihm persönlich zu sagen? Womöglich nicht, doch das Handy öffnete ganz neue Pforten für uns. Von nun an ging alles schneller, und vor allem leichter.

Neben dem Handy hatten viele von uns auch bald einen Fernseher und einen PC im Kinderzimmer, was zwangsläufig dazu führ-

*Hightech und Elektronik anstatt Holzklötzen und Fantasie.*

te, dass aus Nachmittagen an der frischen Luft und reichlich Fantasie eine nicht enden wollende Zeit vor dem PC, dem Fernseher oder der Playstation wurde. Es wurde viel wichtiger, wer das neueste Spiel, den neuesten Klingelton oder die meisten E-Mails im Posteingang hatte, eben wer ganz vorne im neuen Trend lag – und es scheint, als wäre keine Generation vor uns mit so derartig vielen Trends konfrontiert gewesen, und das nicht nur, wenn es um elektronische Geräte ging; auch in der Mode, in der Wahl des Hobbys und sogar im Bereich der Schul-Accessoires war es wichtig, im Trend zu sein.

*Noch recht klobig, die ersten Handys.*

*Bald schon gang und gäbe, das Handy mit Fotofunktion.*

## Ein kleines Gerät mit vielen Funktionen

Im Jahr 2001 beeindruckt das Handy, welches mittlerweile weit verbreitet ist, niemanden mehr, vor allem uns nicht, denn wir sind mit technischen Neuheiten schneller vertraut, als unsere Großmütter mit neuen Rezepten. Somit erlernen wir jede Bedienung jeglicher technischer und elektrischer Geräte im Handumdrehen; es ist ein ebenso essenzieller Bestandteil unserer Entwicklung wie das Erlernen von Alphabet und Vokabeln. Als jedoch 2001 das erste Nokia-Handy mit integrierter Kamera (Nokia 6750) auf den Markt kommt, sind selbst wir Kinder der Technik baff. Die Auflösung der geschossenen Bilder entspricht zwar anfangs noch eher einem verkorksten Comic als einem naturgetreuen Foto, aber es ist ein innovativer Fortschritt in der technologischen Entwicklung. Die Bildqualität der Fotohandys hat sich in rasantem Tempo verbessert und mittlerweile ist es keine Besonderheit mehr, per Handy mit drei Megapixeln Fotos zu schießen und Filme aufzunehmen – God bless the technology.

*Am Meer war doch alles gleich viel harmonischer.*

## Das erste Date

Früher oder später – irgendwann während der 7. oder 8. Klasse – blickten wir unserem ersten Date entgegen. Nach einem mehr oder weniger großen Aufwand war es uns gelungen, unser Herzblatt für uns zu gewinnen, jedenfalls rein taktisch betrachtet. Wir hatten lange „Konversationen" per SMS geführt, niedliche Briefchen überreicht – jedoch nicht selbst, sondern mit Hilfe von Mittelsmännern – und durch spielerischen Augenkontakt eine Basis geschaffen, die ausreichte, um sich zum ersten Mal zu treffen; ohne Freunde, Familie oder sonst irgendwen, der hätte stören können, völlig allein. Das, denke ich, löste den speziellen Kick aus. Und so bereiteten wir uns voller Aufregung auf diesen Tag vor und durchspielten hunderte von möglichen Situationsabläufen, um ans gewünschte Ziel zu gelangen, was natürlich darin bestand, die

Herzdame oder den Herzbuben zu küssen. Die Mädchen planten das Outfit, Schminktechnik und erwünschte Wirkung mit ihren Freundinnen, und die Jungs posierten ebenfalls mit verschiedenen Outfits vor ihren Freunden und machten sich Gedanken darüber, wann der richtige Zeitpunkt wäre, um das Richtige zu machen. Im Prinzip war es die immense Vorfreude, die unseren Hormonhaushalt durcheinanderwirbelte wie ein Orkan, und dennoch war es etwas völlig anderes, es war viel reifer, erwachsener und cooler ... dachten wir. Also mussten wir auch etwas Reifes und Erwachsenes unternehmen, an diesem sehnsüchtig erwarteten Tag. Wir entschieden uns meist für den Klassiker: Kino. Das Kino bot die perfekten Voraussetzungen für ein erstes Date; nicht zu viel Privatsphäre auf einmal, aber doch ein kleiner

Hauch von Intimität, wenn man nebenein-
ander sitzt und so tut, als würde man sich
für den Film interessieren und nur ab und an
einen Blick zur Seite wirft oder aus Versehen
die Hand des Anderen berührt; man ist keinen in peinlicher Stille endenden Gesprächen
ausgeliefert und sieht nebenher vielleicht
noch ein Stück von dem neuen Film. Und
man hat natürlich den großen Popcorneimer,
in den ständig beide zufälligerweise gleichzeitig hineingreifen und einem dabei fast das
Herz stehen bleibt.

Meistens lief alles wie am Schnürchen. Wir
hatten unvergessliche, erste zärtliche Berüh-
rungen, so unschuldig und vorsichtig, dass
uns der Gedanke an den Kuss fast den Kopf
sprengte, und wir die ganze Zeit über so auf-
gewühlt waren, dass das Erlebte für mindestens eine Woche schlaflose Nächte und
träumerische Spinnereien genügte.

## Kaum Zwang
## und wenig Drang

Wie oft haben wir uns den Satz „Das hätte
ich mir früher mal erlauben sollen ..." anhören müssen? Es war einer der Standardsprü-
che unserer Eltern, Lehrer oder sonstigen
Autoritätspersonen, die sich wieder einmal
über unser ungezügeltes und verdorbenes
Benehmen beschwerten. Sei es das vergesse-
ne Entleeren des Mülleimers oder die einge-
saute Dusche, manchmal auch Schlimmeres.
Und dann standen sie wutgeladen vor uns,
mit der bebenden Faust und verzerrtem
Gesichtsausdruck, und erzählten uns davon,
was ihre Eltern damals mit ihnen angestellt
haben, wenn sie ungezogen waren. Es waren
Predigten von Disziplin, Bestrafung und Pei-

*Für das Hobby machte man auch die Nacht manchmal zum Tag.*

*Entspannte Sessions bei Königswetter und netter Gesellschaft.*

nigung, ungezügelter Wut der verbitterten
Eltern und Schlägen, und all das waren Oma
und Opa, die uns bei jeder Gelegenheit einen
Fünfer zusteckten oder etwas Süßes. Aber war
das unsere Schuld und konnte man das mit
unserer Situation vergleichen?

Fest stand, dass wir nun mal unter gänzlich
anderen Bedingungen aufwuchsen als unsere Eltern und Großeltern; und der Wohlstand

und Frieden wirkten sich auch auf unsere Erziehung aus – wir sind eben die erste Generation, welche die Folgen des Zweiten Weltkrieges und den Kalten Krieg nur noch vom Hörensagen kennen. Wir hätten es doch so gut, sagte man uns immer wieder, wir wüssten gar nicht, was eigentlich wirklich „schlecht" bedeutet – mag sein, doch dafür haben wir gelernt, dass Zwang und Unterdrückung keine Alternativen im 21. Jahrhundert sind; Toleranz und Lernen durch Belohnung hieß und heißt bei uns die Devise.

## Gläubig oder gierig?

Der Konfirmationsunterricht war zweifellos die langweiligste aller Aktivitäten in unseren Teenager-Jahren. Dass kaum einer der Jugendlichen noch eine wahrhaft ernsthafte Beziehung zu Gott hatte, müsste den etlichen

*So ordentlich sahen wir nur bei unserer Konfirmation aus.*

Pfarrern und Pfarrerinnen doch schon zu Beginn der ersten Konfirmationsstunde aufgefallen sein. Es entsprach einfach nicht unserem Weltbild, dass Gott, der Allmächtige, für uns alle sorgte und dabei unergründliche Wege beschritt. Gott war für uns, denke ich, eher der Anker in der Not als der feste Boden unter den Füßen, mit denen wir jeden Tag durchs Leben sprangen. Somit konnte man das freiwillige Erscheinen eines Jugendlichen in der Kirche an einem Sonntagmorgen mit einem außerordentlichen Highlight vergleichen – ähnlich wie das Erblicken eines Murmeltiers in den Bergen. Früher schien das anders gewesen zu sein. Kirche war Pflicht und Konfirmation ein besonderes Familienereignis und darüber hinaus eine große Ehre – auch für den Konfirmanden.

Für uns bedeutete die Aufnahme in die Kirche als erwachsenes Mitglied nichts weiter als Pflichterfüllung und eine Menge Geld. Natürlich spielten auch andere Faktoren wie der dadurch legitimierte erste Alkoholgenuss und die Familienfeier eine große Rolle, aber nicht so sehr die traditionelle christliche Feier.

Und trotzdem war es eine gute Erfahrung für uns alle. Vielleicht hat der eine oder andere seinen Glauben gefunden oder ihn auch endgültig verloren, wenn zur Sonntagspredigt nicht einmal ein Drittel der evangelischen Gemeinde in der Kirche erschien. Wer weiß? Sicher ist jedoch, dass wir dadurch – ob wir es nun gut fanden oder unsinnig – ein Stück reifer wurden; letzten Endes auch dadurch, dass wir lernen mussten, mit einer nicht unbeachtlichen Summe von Geld umzugehen.

Und falls es Gott wahrhaftig geben sollte, so fürchtet nicht sein Urteil über unser Den-

*Lippenstift und viel Make-Up für das „perfekte" Aussehen.*

ken zu Zeiten des Konfirmationsunterricht, sondern entsinnt euch seiner Worte, und denkt immer daran, dass Gott für die Schuldigen eine besondere Schwäche hat; denn es ist der Akt der Einsicht, der sie so stark macht. Res Ipsa Loquitur (die Sache spricht für sich).

## Amateurhafte Models und große Träume

Jedes Mädchen träumt immer wieder davon, wie viel schöner das Leben doch sei, wenn man ein Model wäre: Fotoshootings, wundervolle Visagisten und ein Haufen Kerle, die einem hinterherrennen, und das Beste ist, man wird dafür bezahlt.

So kam es wohl auch, dass jedes Mädchen im Alter von zwölf bis 14 Jahren mit seinen Freundinnen Fotos schoss. Das waren jedoch keine normalen Fotos, versteht sich; es waren Bilder, auf denen die jungen Damen mit ihren reizvollsten Kleidern (oder denen von Mama) und einem kunstvoll geschminkten Gesicht vor der Linse posierten – im Kinderzimmer, das man mit Hilfe von weißen Bettlaken zu einem Fotostudio hergerichtet hatte. Doch anscheinend erfüllte die ganze Collage trotzdem ihren Sinn und Zweck: Die Mädels fühlten sich unheimlich gut und waren ihrem heimlichen Traum für kurze Zeit ein kleines bisschen näher gerückt, jedoch ohne dabei abzuheben und fälschlicherweise zu denken, man könne nun – im Alter von 13 Jahren – als Model arbeiten.

*Der Irakkrieg fordert viele Opfer.*

## Irakinvasion – Vorbeugungskrieg oder Racheakt?

Nach dem Anschlag auf Amerikas Vorzeigesymbole, die Twin Towers des World Trade Centers in New York, erscheint es dem US-Präsidenten George W. Bush von ungeheurer Wichtigkeit, gegen den Irak militärisch vorzugehen. Immerhin sind die verantwortlichen Attentäter Mitglieder der irakischen Terrororganisation Al Qaida. Somit erhält dieses militärische Projekt oberste Priorität in der Außenpolitik Bushs, was dazu führt, dass etliche Millionen Dollar in Rüstungsprojekte und Waffen investiert werden.

Die Invasion beginnt unter dem Projektnamen „Operation Iraqi Freedom" am 20. März 2003 ohne offizielle Kriegserklärung, nachdem Saddam Hussein das Ultimatum, das Land binnen 48 Stunden zu verlassen, nicht eingehalten hat. Sie endet im April desselben Jahres, was die Bevölkerung zwar anfangs begeistert, doch wenige Zeit später zu einer weitgehenden Ablehnung der amerikanischen Besatzungsmacht und unzähligen terroristischen Selbstmordattentaten führt. Zeitweise erklärt das „US-Regionalkommando für den Nahen Osten" den Zustand im Irak sogar als unkontrollierbar und extrem verschlechtert.

Man versucht, die Invasion dadurch zu rechtfertigen, dass der Irak, seine Führungskräfte und extremistischen Vereinigungen eine bedrohliche Gefahr für den Rest der Welt darstellen und deshalb präventiv bekämpft werden müssen. Zudem soll der Irak über Massenvernichtungswaffen verfügen und in die Anschläge vom 11. September verwickelt gewesen sein. Doch ob es wahrhaftig eine Verbindung des Iraks und der Al Qaida gibt, ist zweifelhaft. Fakt hingegen ist, dass dieser Krieg Unmengen an Geld kostet, unzählige Menschenleben fordert und nicht zum Weltfrieden beiträgt.

Der Krieg und seine Folgen fordern nach Studien in Amerika und England den Tod von etwa 1 000 000 Zivilisten und knapp 5 000 Soldaten; die Kosten betragen nach dem Stand von Anfang 2008 mehr als 600 Milliarden US-Dollar, was nicht nur ein beachtliche Summe ist, sondern bisher nichts weiter als der Preis für schätzungsweise 1 005 000 Todesopfer dieses Krieges. Blickt man auf das Verhältnis zwischen toten Zivilisten und Soldaten, so fällt auf, wer die eigentlichen Leidtragenden in einem Krieg sind.

## Aus Interesse wird nebensächliche Leidenschaft

Jeder von uns hatte Zeit seines Lebens gewisse Interessen für sportliche Aktivitäten, das Sammeln von bestimmten Gegenständen, das Spielen eines Instrumentes oder alles auf einmal; vielleicht aber auch für etwas vollkommen anderes. Doch nichtsdestotrotz waren wir alle Feuer und Flamme für eine bestimmte Sache, die uns sehr am Herzen lag und einen nötigen Ausgleich zum Schulalltag und dem damit verbundenen Stress schaffen konnte. Für viele von uns konnten das Dinge sein, die wir von klein auf zu unseren Hobbys zählten und für andere waren dies Dinge, die sie neu für sich entdeckten. Die meisten Jungs waren im Fußballverein oder spielten Basketball, manche fingen an, Skateboard zu fahren, die Mädchen waren oftmals im Tanz- oder Turnverein oder behaupteten sich ebenfalls in Ballsportarten. Egal, wo wir hinschauten, jeder von uns hatte seine Vorlieben. Und irgendwann gab es einen Punkt, wo diese Hobbys mit einer gewissen Ernsthaftigkeit angepackt wurden, nicht zuletzt, um Frust und Wut abzulassen. Es war uns wichtig, die Sache richtig anzugehen und nicht halbherzig. Wir träumten davon, etwas damit zu erreichen, und dieses Träumen half uns dabei, auf dem rechten Weg zu bleiben, egal, ob beim Fußball, Basketball, Tanzen, Turnen, Kampfsport, Skateboarding, Reiten, Inlineskating, Handball, Briefmarkensammeln. Und so gingen wir alle unseren Weg mit unseren Hobbys und unseren Träumen, und jeder war auf seine Art zufrieden mit dem, was er neben der Schule und den anderen Tätigkeiten gemacht hat.

*Für unser Hobby vergaßen wir alles um uns herum.*

# 2004-2008

## Wechselspiel zwischen Vernunft und Emotionen

### Das 15. bis 18. Lebensjahr

**Der harte Weg zur langersehnten Volljährigkeit**

Langsam aber sicher wurde uns nun klar, dass wir nicht länger die sorglosen Kinder von gestern waren, sondern damit anfangen muss-ten, die Zügel selbst in die Hand zu nehmen. Das hieß nicht, dass niemand mehr hinter uns stand, aber gewiss, dass unsere Rückende-

*Manchmal benahmen wir uns noch sehr kindisch.*

# Chronik

## 26. Dezember 2004

Ein Seebeben im Indischen Ozean löst einen Tsunami aus, welcher Hunderttausende das Leben kostet.

## 19. April 2005

Mit Kardinal Joseph Ratzinger als Benedikt XVI. wird erstmals ein Deutscher Papst.

## 27. Oktober 2005

Bei der Verfolgung zweier Polizisten durch die Pariser Innenstadt sterben zwei Jugendliche. Unruhen in den Pariser Vororten brechen aus.

## 31. Januar 2006

Die Arbeitslosenzahl in Deutschland steigt auf 5,012 Millionen und ist damit um 1% höher als im vorigen Jahr.

## 22. Oktober 2006

Michael Schumacher beendet seine Karriere als Formel-1-Fahrer mit einem 4. Platz in Brasilien, der ihm die Vizeweltmeisterschaft einbringt. Weltmeister wird Fernando Alonso.

## 4. Februar 2007

Die deutsche Handballnationalmannschaft der Männer gewinnt in Köln das Finale der Weltmeisterschaft gegen Polen.

## 8. Juni 2007

In Heiligendamm geht der G8-Gipfel zu Ende – die Staats-und Regierungschefs der acht größten Industrienationen waren hier drei Tage zusammengekommen, um insbesondere über die Themen Klimaschutz und Hilfe für Afrika zu diskutieren.

## Herbst 2008

Eine Finanzkrise führt in den USA und Europa zur Insolvenz zahlreicher Banken und führt zu Rufen nach einer globalen Kontrolle des Finanzmarktes.

## 4. November 2008

Der demokratische Senator Barack Obama wird zum 44. Präsidenten der Vereinigten Staaten von Amerika gewählt.

## 28. September 2008

Bei der Landtagswahl in Bayern verliert die CSU in Bayern nach 46 Jahren erstmals die absolute Mehrheit im Landtag.

ckung mittlerweile zweifellos defensiv arbeitete. Eltern und Lehrer, Trainer und überhaupt jeder Erwachsene verdeutlichten uns im zarten Alter von fünfzehn Jahren immer wieder, dass wir ab sofort Verantwortung übernehmen müssten und all das, was wir täten, nicht für unsere Eltern oder sonst wen machten, sondern nur für uns. Was das genau heißen sollte, war nicht jedem von uns bewusst – es war viel mehr ein langwieriger Prozess des allmählichen Verstehens, den wir zu durchlaufen hatten; das letzte bisschen Verständnis, das uns fehlte, um auf die Welt der Erwachsenen losgelassen zu werden.

## Wilde Nächte und unbekannte Getränke

Zu unseren ersten Konfrontationen mit der Erwachsenenwelt gehörte zweifellos die Erfahrung mit dem Alkohol. Bier, Wein, Weinbrand, Whiskey, Scotch, Bourbon, Wodka, Rum, Obstler und alle anderen Arten von Alkohol waren uns natürlich ein Begriff – wir wussten, dass unsere Eltern ab und an mal von diesen Genussmitteln nippten, aber was genau daran so besonders war, konnten wir nicht nachvollziehen. Natürlich hatten wir alle einmal an Papas Bier geschnüffelt und es gekostet, aber uns wurde schnell deutlich, dass es am Geschmack nicht liegen kann. Anders war das mit den neumodischen Alkopops, sie sahen bunt aus und schienen auch gut zu schmecken. Und weil alles Unbekannte so neugierig macht, war es auch für uns irgendwann an der Zeit, diesen „Wissens-Durst" zu stillen. Manche machten ihre erste Bekanntschaft mit Alkohol an ihrer Konfirmation

47

*Kein Bartwuchs, aber Kreativität.*

*Wahnwitzig im Mondlicht und
dem ein oder anderen Bier zu viel.*

und andere irgendwann davor oder danach; eins jedoch hatten alle gemeinsam: Einen unglaublich dicken Kopf am Morgen danach. Was am Tag davor passiert war, ist jedoch weitaus komplexer und individueller. Jeder hatte seine eigenen Vorstellungen vom ersten Alkoholgenuss – der eine trank einen Meter Bier auf der Kirmes und der andere blieb vorzugsweise in geschlossener Gesellschaft mit seinen Freunden und Freundinnen und probierte sich durch die vielen bunten Sorten von Alkopops, einer Mischung aus Hochprozentigem wie Wodka oder Whiskey und süßen Limos oder Säften. Fest steht jedoch, dass mit der Konfirmation und dem genehmigten gelegentlichen Genuss von Alkohol – auch, wenn wir noch keine sechzehn Jahre alt waren –, ein neues Zeitalter anbrach; „das Zeitalter der Nacht", wäre eine zutreffende Bezeichnung. Das Wochenende bedeutete nicht mehr nur zwei erholsame Tage, sondern die beste Möglichkeit, mit seinen Freunden wegzugehen und den Schulalltag auf eine andere Art zu vergessen.

Wir gingen am Wochenende feiern, gingen auf die Kirmes, auf dörfliche Events und Stadtfeste, und auf unzählige Geburtstagsfeiern in verschiedensten Grillhütten oder heimischen Kellern – überall dorthin, wo etwas los war und wo wir uns wohl fühlten. Und das war manchmal gar nicht so einfach, wie es sich anhören mag, denn zu Beginn waren wir alle nicht älter als 15 Jahre. In diesem zarten Alter war man eben nicht überall erwünscht, wo Alkohol ausgeschenkt wurde und ein Verstoß gegen das Jugendschutzgesetz konnte Folgen haben. Vielleicht hatten die Leute vom

Dorf da einen kleinen Vorteil gegenüber den „Städtern", denn auf dem Land galten doch noch ab und zu andere Regeln. Aber unserem Sechzehnten standen ja nicht viel mehr als ein paar Monate entgegen, also war es nur eine Frage der Zeit, bis Bier und Zigaretten auch für uns legal wurden.

Je älter wir wurden, desto aberwitziger und verrückter wurden diese Nächte, die oftmals in reinem Chaos endeten und manches Blackout mit sich brachten. Aber dennoch wurde der Rahmen der Toleranz nur sehr selten überschritten – doch was wäre die Regel ohne die Ausnahmen? Ein Feuer ohne Knistern? Vermutlich ja, und deshalb will ich hier kein Blatt vor den Mund nehmen, weil es nichts weiter ist als die traurige und zu belächelnde Wahrheit.

*Und das kommt dabei raus, wenn man mal ernsthaft dreinblicken soll.*

## Frauen an die Macht

„Angie, Angie … when will those clouds all disappear?" singen die Rolling Stones in den 70er Jahren. Und dieser Song gewinnt 2005 in Deutschland an Aktualität. Denn Gerhard Schröder ist sich im Jahr 2005 nicht mehr allzu sicher, ob er sich jemals aus der Krise winden kann, die sich unter seiner Kanzlerschaft zuspitzte: Aus dem Versprechen, die Arbeitslosenzahl in Deutschland zu verringern, resultiert leider ein Anstieg der Arbeitslosen. Des Weiteren treffen Reformen zu Gunsten der Unternehmer auf Missgunst und inbrünstigen Widerstand in der Bevölkerung. So ist es nur eine Frage der Zeit, bis Schröder den Bundestagsabgeordneten die Vertrauensfrage stellt, um Neuwahlen zu ermöglichen, und diese Zeit bricht am 1. Juli 2005 an – Schröder wird das Vertrauen entzogen, er muss seine Sachen packen und zwei Monate später, am 18. September, finden Neuwahlen statt. Nach einem knappen Sieg der CDU/CSU wählt die große Koalition aus CDU/CSU und der SPD die CDU-Vorsitzende Angela Merkel zur ersten Bundeskanzlerin Deutschlands: Ein kleiner Schritt für Deutschland, ein großer für Angela Merkel, die mit ihrem Sieg beweist, dass Frauen durchaus im Stande sind, den Platz des Regierungschefs einzunehmen und das Zepter zu schwingen.

*Angela Merkel, die erste Frau an der Spitze Deutschlands.*

## Heimspiel für Deutschland

Im Jahr 2006 stand eine neue Fußballweltmeisterschaft vor der Tür, und obwohl diese Tatsache allein mehr Hysterie im Land auslöst als die Bundeskanzlerwahlen, setzte unser „Kaiser" Franz Beckenbauer noch einen oben drauf – die WM sollte in Deutschland stattfinden. Und das tat sie auch, und wie!

Obwohl es nicht von Anfang an ein sicheres Unterfangen war, die WM nach Deutschland zu holen, konnte sich Franz Beckenbau-er vor dem internationalen Fußballverband doch erfolgreich behaupten.

Ob es letzten Endes des „Kaisers" Überredungskünste waren oder die Gnade und der gute Wille der anderen Länder, Deutschland eine Chance zu geben, bleibt eine interessante Überlegung, doch was zählt, ist, dass wir 2006 die weltgrößte Sportparty hier bei uns in Deutschland hatten. Als es so weit war, als die Spiele beginnen konnten, waren wir gewappnet. Wir hatten uns auf große Menschenmassen aller möglichen Nationen eingestellt, bereiteten riesige Leinwände zur Übertragung vor und das Wichtigste: Wir stellten uns psychisch auf ein lautes feierndes Volk ein. Doch immer schwang bei den Großveranstaltungen, vor allem rund um die Stadien, auch die Angst mit, dass ein Unglück passieren könnte. Seit dem 11. September 2001 kochte die Angst vor Anschlägen hoch, ebenso waren aber auch Auseinandersetzungen zwischen Hooligans oder zwischen Fans gefürchtet.

Doch es verlief viel besser, als man es sich hätte erträumen können. Die Menschen hatten den Sinn dieser Veranstaltung verstanden und gaben sich sportlich, was dazu führte, dass Menschen aller Nationen dieses Turnier gemeinsam genossen, und einen kurzen Moment hätte man sogar glauben können, es hatte keine Bedeutung, welches Land gewinnt.

*Gute Miene zum guten Spiel im Feinripp-Unterhemd oder in Schwarz-Rot-Gold.*

Es war zweifellos klar, dass man sich diesen Reiz des Mitfieberns und Mitleidens nicht entgehen lassen konnte. So kam es, dass wir uns so gut wie jedes Spiel anschauten und immer einen Blick auf die Tabelle hatten, beruhigt in der Gewissheit, dass die deutsche Elf relativ gut dabei war. Oft schauten wir uns auch die Spiele unter der Woche an; meistens mit unseren

*Stimmung bei der WM 2006.*

Freunden und ein wenig Bier bei irgendwem zu Hause, oder in Kneipen, Sälen und auf Festplätzen, wo hin und wieder weit über hundert Leute versammelt waren – selbst im kleinsten Dorf.

Leider wurde Deutschland letzten Endes nicht neuer Fußballweltmeister, aber immerhin konnte es sich noch vier Jahre mit dem Titel des „Drittbesten" schmücken, und das war ohne Zweifel ein deftiger Grund zum Feiern. Mitmachen ist alles, Gewinnen das Schönste daran, und Dritterwerden die perfekte Mischung aus beidem. Doch auch innerhalb des Volkes schien es eine perfekte Mischung gegeben zu haben, denn Schlägereien und sonstige ungezähmte Wutausbrüche hielten sich in Grenzen, und außerdem gab es keinen Streit zwischen den verschiedenen Kulturen, die sich in Deutschland tummelten. So gesehen war die WM in Deutschland nicht nur ein Beweis unseres sportlichen Könnens, sondern auch der Beweis dafür, dass Deutsche ihre Gäste aus dem Ausland mit offenen Armen empfangen.

Der Witz an der Sache kam allerdings erst später zum Vorschein. Die kleinen Fähnchen, die sich während der WM beinahe jeder an seine Fensterscheibe am Auto befestigte, waren wenig später der Grund dafür, dass deutsche Touristen, die ein solches Fähnchen mit sich führten, beim Überqueren der österreichischen Autobahn Strafe zahlen mussten – sofern man sie erwischte. Gerechtfertigt wurde das Bußgeld damit, dass die Fahnen anstößig seien und rassistische Hintergründe haben könnten.

## Stil und Klasse treffen Leistung und Intelligenz

Auch wenn unsere Generation ein bunter Haufen junger Menschen mit den unterschiedlichsten Träumen ist, so gibt es doch ein Gerät, das unsere Herzen im Übereifer der stilistischen Entwicklung erobert hat: Der „Apple i-Pod". Es dauert einige Jahre, bis der i-Pod zum Statussymbol des guten Geschmacks und des schlichten Trendgefühls wird, aber spätestens als im Jahr 2006 die zweite Generation des i-Pod Nano auf den Markt kommt, ist zweifellos klar, dass Apple nicht nur ein Medienabspielgerät oder einen simplen MP3-Player geschaffen hat, sondern das vielleicht beliebteste Stück Technik, um Musik abzuspielen. Ausschlaggebend dafür ist die immense Speicherkapazität, welche im herrlichen Einklang mit Design und Funktionalität steht. Zwar sind die benötigten i-Tunes-Versionen und die dazugehörigen Kompatibilitätsanforderungen eine lästige Begleiterscheinung für jeden Benutzer, aber Aussehen und Funktion überzeugen, und so kommt es, dass der i-Pod das gewisse Etwas hat, um noch mehr Spaß an Musik zu bereiten.

*Gemeinsam durch dick und dünn.*

## Freunde

Für mich gab es nie etwas Wichtigeres als Freunde seit ich das Lied „Ein Freund, ein guter Freund; das ist das Beste, was es gibt auf der Welt ..." zum ersten Mal gehört habe, denn es schien eine wahre und ehrliche Aussage zu sein, und darüber hinaus die einzige Sache, die sich niemals ändern würde.

Denn seien wir einmal ehrlich: Was wären wir ohne unsere Freunde? Nichts; wir Menschen sind eben keine potenziellen Einzelgänger, sondern Hordentiere, die sich in der Gemeinschaft am wohlsten fühlen. Daher suchten wir stets die Nähe von anderen Gleichgesinnten.

Das fing schon zu Zeiten des Kindergartens an und daran hat sich im Laufe der Jahre nicht viel geändert, außer, dass die Freundschaften irgendwann einen anderen Stellenwert erlangten. Waren Freunde anfangs noch reine Spielgefährten, so entwickelten sich die Freundschaften zu festen, tiefgründigen und beständigen zwischenmenschlichen Beziehungen – etwa parallel zu unserer eigenen Entwicklung waren sie ein Spiegel unseres Ichs. Manche Freundschaften existierten wahrscheinlich schon seit der Kindergartenzeit, andere jedoch entwickelten sich erst einige Zeit später; etwa dann, als wir auf die neue Schule kamen oder anfingen, aus dem Alltagstrott herauszukommen und am Wochenende die Gegend unsicher machten. Obgleich wir bisher schon unzählige Bekanntschaften hatten, so blieben die wahren Freunde allerdings immer dieselben, da sie ein Grundbestandteil unseres Daseins waren und wir nicht für uns alleine älter wurden, sondern mit ihnen zusammen; weil wir in ihnen Menschen fanden, mit denen man nicht nur einen draufmachen konnte, sondern auch ernsthafte Gespräche führen in der Gewissheit, dass sie zuhören und alles verstehen. Denn sie können sich in unsere Lage versetzen, weil sie uns teilweise besser zu kennen scheinen als wir selbst.

Abgesehen von der Tatsache, dass Freunde eine Art zweite Familie sind, gibt es darüber hinaus Unmengen von Erfahrungen, die man gemeinsam mit ihnen erlebt hat und die den Freundeskreis Stück für Stück enger zusammenschweißten. Erlebnisse, die dazu beitrugen, wer und was wir heute sind: Von durchgedrehten Nacht-und-Nebel-Aktionen bis hin zu ernsthaften und einschneidenden Unglücken; von wilden, durchzechten Nächten bis hin zu aberwitzigen und unglaublichen Begebenheiten am Tag. Außerdem lernten wir durch sie, was es heißt, Verantwortung zu übernehmen, zum Beispiel dann, wenn man den ersten gemeinsamen Urlaub plante oder lediglich dafür sorgen musste, dass man keinem von ihnen auf die Füße tritt. Diese ersten, festen und tiefen Freundschaften werden stets ein eisernes Rückgrat sein, welches uns mehr Halt gibt als die paar Knochen unserer Wirbelsäule.

*Beste Freundinnen halten zusammen.*

## Nummer-eins-Hits aus unserer Zeit

**1990**
- Another day in paradise (**Phil Collins**)
- Verdammt ich lieb' dich (**Mathias Reim**)

**1991**
- Wind of change (**Scorpions**)
- (Everything I do) I do it for you (**Bryan Adams**)

**1992**
- Knockin' on heaven's door (**Guns' N' Roses**)
- Smells like teen spirit (**Nirvana**)

**1993**
- Mr. Vain (**Culture Beat**)
- I will always love you (**Whitney Houston**)

**1994**
- Streets of Philadelphia (**Bruce Springsteen**)
- I would do anything for love (but I won't do that) (**Meat Loaf**)

**1995**
- Earth song (**Michael Jackson**)
- Cotton Eye Joe (**Rednex**)

**1996**
- Lemon tree (**Fools Garden**)
- Killing me softly (**The Fugees**)

**1997**
- Time to say goodbye (**Andrea Bocelli / Sarah Brightman**)
- Candle in the wind (**Elton John**)

**1998**
- My heart will go on (**Céline Dion**)
- I don't want to miss a thing (**Aerosmith**)

**1999**
- Big, big world (**Emilia**)
- I want it that way (**Backstreet Boys**)

**2000**
- Maschendrahtzaun (**Stefan Raab**)
- Anton aus Tirol (**DJ Ötzi**)

**2001**
- Butterfly (**Crazytown**)
- Lady Marmalade (**Pink, Christina Aguilera, Mya, Lil' Kim & Missy Elliott**)

**2002**
- Without me (**Eminem**)
- Something about us (**No Angels**)

**2003**
- We have a dream (**DSDS**)
- In da club (**50 Cent**)

**2004**
- Schnappi (**Schnappi, das kleine Krokodil**)
- Yeah (**Usher feat. Ludacris & Lil' Jon**)

**2005**
- Durch den Monsun (**Tokio Hotel**)
- Don't cha (**Pussy Cat Dolls feat. Busta Rhymes**)

**2006**
- Hips don't lie (**Shakira feat. Wyclef Jean**)
- 54, 74, 90, 2006 (**Sportfreunde Stiller**)

**2007**
- Umbrella (**Rihanna feat. Jay-Z**)
- Hamma! (**Culcha Candela**)

**2008**
- Apologize (**Timbaland presents OneRepublic**)
- I kissed a girl (**Katy Perry**)

*Rihanna*

*Aus Akustik wird Electric, aus Spaß wird Leidenschaft.*

## Neue Wege gehen: Geld oder Lernen

Es war 2005 oder 2006, als wir die erste eigenständige Entscheidung zu treffen hatten, die sich nachhaltig auf unsere Zukunft auswirken würde: Wollten wir Geld verdienen oder lieber noch zwei bis drei Jahre die Schulbank drücken, das waren die Optionen. Und nur wenigen fiel die Entscheidung leicht. Entweder fing man eine Lehre an, machte Fachabitur oder das allgemeine Abitur. Und das waren im Vergleich zu der Überlegung, ob man eher Salami oder doch lieber Käse aufs Schulbrot haben möchte, nicht einfach zu treffende Entscheidungen. Uns wurde bewusst, dass diese eine Entscheidung ausschlaggebend für das weitere Leben war, denn die meisten von uns wussten noch nicht, was aus Ihnen werden sollte. Nur wenige waren sich ihrer Sache schon sicher. Und so kam es, dass die einen sich für eine Richtung entschieden, für die man einen Abiturabschluss benötigte, und die anderen beschlossen, eine Lehre zu beginnen.

So standen wir nun alle neuen Herausforderungen gegenüber, und es war an uns, mit ihnen fertig zu werden; denn zum ersten Mal nahmen wir die Sache auch zweifellos ernst, und obwohl wir eigentlich schon von der Grundschule an auf unseren eigenen Lebensweg hingearbeitet hatten, war es uns nun erstmals wirklich bewusst. Traurig an der ganzen Sache war, dass die guten Bekanntschaften der letzten fünf oder sechs Jahre auseinandergingen. Es war eben doch eine schöne Zeit, auch wenn man froh war, etwas Neues zu beginnen. Und schon bald blickten wir dem Tag entgegen, an dem wir das letzte Mal durch die wohlbekannten Türen des Eingangsbereiches unserer Schule stolzierten und

## Der Casting-Wahnsinn und seine traurigen Facetten

Was mit Big Brother und den „No Angels" anfing, wurde mit DSDS und Germany's Next Top Model auf die Spitze getrieben. Der Casting-Boom hatte Deutschland voll erreicht. Immerhin fing alles so amüsant und erfrischend an; die erste Staffel von Popstars, welche die „No Angels" hervorbrachte, begleitet von der harten und rauen Umgangsweise des Detlef „Dee!" Soost, war ein großer Erfolg und begeisterte das Fernsehpublikum – keine Frage –, aber dass man ab diesem Zeitpunkt fortwährend darauf bedacht war, zu jedem Motto eine eigene Castingshow zu machen, sorgte viel mehr für Langeweile und bestenfalls einen guten Lacher als für Spannung und Interesse. Denn mittlerweile müsste Deutschland unzählige Superstars haben und nebenher eine ganze Reihe von Musikern, Performern und so genannten Nachwuchstalenten, die im Fernsehen ihr Können zum Besten geben. Dass sich nur wenige von diesen gecasteten Fernsehstars länger als drei Monate mit Ruhm und Erfolg schmücken durften, hätte eigentlich ein eindeutiger Grund für die Sender sein müssen, mit den Shows aufzuhören. Doch was zählt, sind die Zuschauerquoten und Werbeeinnahmen und die schienen nun einmal zu stimmen

So nahmen die Castings kein Ende, auch wenn es den Anschein hatte, als seien diese Shows nichts weiter als ein Lückenfüller oder der traurige Versuch, Abwechslung zum Hollywoodgenre zu finden.

*Gemeinsam lachen oder träumen war oftmals der Ausgleich zum Alltag.*

voll prickelnder Erregung dem neuen Anfang entgegenfieberten. Das Beste daran war eigentlich, dass wir nun die Abgänger waren; jene bewundernswerten Großen, die wir in der Anfangszeit auf unserer Schule anhimmelten und beneideten – und ehrlich gesagt, hat es doch gar nicht einmal so lange gedauert, bis es endlich so weit war.

## Südländische Temperaturen und wenig Eis

Spätestens 2006, nach dem Film „Eine unbequeme Wahrheit" von Al Gore, dem ehemaligen Vizepräsidenten der USA, ist uns klar, dass es um unsere wunderschöne Erde doch nicht so gut steht, wie wir zeitweise dachten. Polarkappen und Gletscher schmelzen, die Atmosphäre wird zunehmend verseucht und all das ist auf den Menschen und sein nicht nachhaltiges Handeln zurückzuführen. Unter nicht nachhaltigem Handeln versteht man das egoistische und nicht zukunftsorientierte Verhalten des Menschen seit Beginn der Industrialisierung; man könnte beinahe sagen, es sei das kleine, aber schwergewichtige Manko des Fortschritts und der Entwicklung, welche eigentlich die Lebensqualität der Mensch verbessern sollten.

Al Gores Film liefert zu diesem Thema schlagkräftige Argumente und Belege, dargestellt in Tabellen und Verzeichnissen, welche die Temperaturentwicklung von heute im Vergleich zu früher – beispielsweise des Mittelalters – wiedergeben, und schenkt man diesen Zahlen und Argumenten Glauben, so können wir damit rechnen, dass für unsere Kindeskinder nicht mehr viel übrig bleibt, für das es sich zu leben lohnt, oder womit man leben kann. Denn nehmen wir weiterhin keine Rücksicht auf die Natur, so wird der zunehmende Treibhauseffekt für ein verstärktes Abschmelzen der Gletscher und Pole und eine Erderwärmung in nicht allzu ferner Zukunft sorgen. Die Folgen werden immer häufigere und schlimmere Überschwemmungen und Naturkatastrophen sein.

Allerdings gibt es auch Meinungen, die eine globale Erwärmung durch Menschenhand ausschließen, da es in der Geschichte der Erde immer schon globale Erwärmungen und Temperaturschwankungen gegeben hat. Und somit bleibt dieses Thema ein strittiges, welches viele offene Fragen und Ungewissheiten mit sich führt.

## Die Suche nach dem fehlenden Puzzlestück

Ich habe einmal gelesen, dass es dem Menschen seit jeher die größte Aufgabe ist, sein Gegenstück zu finden; die Frau oder den Mann des Lebens – jener Mensch, mit dem man den Rest seines Lebens verbringen möchte, allerdings haben die Spielregeln sich in unserer Zeit im Vergleich zu der unserer Eltern und Großeltern verändert. Unsere Generation ist freier, freizügiger und sieht es nicht so eng mit den Liebschaften.

Und dennoch zerrte uns das erste, große und ernsthafte Kribbeln in einen Strudel der Glückseligkeit und des Schmerzes. Niemand hatte uns davor gewarnt, dass es auch für uns einmal ernst werden könnte. Wir wussten zwar, wie die ganze Geschichte mit den Bienen und Blümchen abläuft, allerdings war uns nicht klar, welches Gefühlschaos mit den ersten Erfahrungen auf diesem Gebiet zusammenhing – denn ob wir es wollten oder nicht, irgendwann war eine Beziehung nicht mehr aufzubauen auf gelegentlichen Küsschen und Schmusen im Kino; wir wollten eine Kostprobe des vollen Programms. Doch all das spielte sich wohl viel mehr im Unterbewusstsein ab als in unserer unmittelbaren Wahrnehmung, welche größtenteils damit beschäftigt war, uns zweideutige Signale zuzusenden, wie zum Beispiel das Schwärmen für unsere Liebe auf der einen Seite und die Angst vor der neuen Herausforderung auf der anderen. Aber es kam, wie es kommen musste, und wir fanden uns wieder in einer Beziehung, die man erstens auch wahrhaftig als solche bezeichnen konnte und die zweitens derartig

*Manchmal hatte man auch ungemeines Glück.*

prickelte, dass es oftmals eine extreme Plage war, sich auf irgendetwas anderes zu konzentrieren als auf den nächsten Augenblick, in dem man ihn oder sie wiedersehen würde – auch wenn nur für einen Kuss. Und oft wurde uns dieser eine Kuss auch noch verwehrt, da leider nicht immer alles auf Gegenseitigkeit beruhte und es manchmal nur auf winzige Kleinigkeiten ankam.

## Rechts vor Links, Verkehrsschilder und Angstzustände

Nachdem wir siebzehn Jahre lang auf dem Fahrrad unterwegs waren, war es an der Zeit, sich dem Führerschein zu widmen. Manche

von uns waren mit diesem Thema schon vertraut, da sie knappe zwei Jahre zuvor bereits einen Führerschein für Roller und Mopeds gemacht hatten, aber die meisten wussten noch nicht, was auf sie zukam, als sie das erste Mal Platz in der nahegelegenen Fahrschule nahmen. Wir nahmen also unser hart erspartes Geld in die Hand und die neue Herausforderung an, um nach einer theoretischen und einer praktischen Fahrprüfung den heiligen Lappen und damit gleichzeitig ein dickes Stück vom Kuchen der Selbstständigkeit in der Hand halten zu können. Doch der Weg bis dahin sollte gar nicht mal so einfach werden. Zunächst einmal mussten Verkehrsregeln gelernt, Fragebögen ausgefüllt, und etliche Stunden dem wohlgesinnten und vorbildlichen Fahrlehrer gelauscht werden, und schließlich gab es die Fahrstunden. Fahrstunden bei Regen und Sonnenschein, bei guter und schlechter Laune und oftmals abhängig von der Willkür anderer Verkehrsteilnehmer.

Doch das alles konnte uns nicht unseren eisernen Willen rauben, irgendwann in naher Zukunft selbst im Besitz der Fahrerlaubnis zu sein. Allerdings war man in jenen Augenblicken, wenn man wieder einen Fragebogen mit 60 Fehlern zurückbekam oder beinahe einen Verkehrsunfall verursacht hatte, nah an der Grenze zu verzweifeln und aufzugeben, um wieder mit dem Fahrrad durch die Gegend zu fahren.

Keine Frage, die Fahrschule hatte in jeder Hinsicht ihre Freuden und Leiden und wirklich richtig ernst wurde es nur zweimal. Bei der schriftlichen und der praktischen Prüfung, wobei erstere Voraussetzung war, um zur zweiten zugelassen zu werden. Hatte man den theoretischen Teil geschafft, ging es in den Endspurt. Dieser Endspurt war aber auch nicht immer so dem Ende nah, wie man es sich erhofft hatte. Immer wieder verpatzte man die ein oder andere Fahrstunde und musste mehr üben – manchmal sogar so lange, bis man wie ein Haufen Elend durchnässt vom Schweiß auf seinem Sitz saß und der Fahrlehrer sich nur deswegen erbarmte, weil er andernfalls Gefahr lief, in einen absichtlich verursachten Autounfall verwickelt zu werden.

Irgendwann war es dann so weit; wir hatten die letzte Fahrstunde bezahlt und waren offiziell bereit, uns der praktischen Fahrprüfung zu unterziehen. Die letzte Nacht vor dem Prüfungstag konnte man kaum eine Auge zumachen und so fanden wir uns am nächsten Tag ermüdet vor der örtlichen Zulassungsstelle wieder und waren mehr oder weniger gewappnet, in die Höhle des Löwen zu marschieren, und ihn zu besiegen. Das Einzige, das uns nun noch Schwierigkeiten machen konnte, war ein Mangel an Konzentration oder auch das Schicksal, das an manchen Tagen nach uns schnappt wie ein dummes Huhn. Doch die meisten von uns wurden davor bewahrt und bestanden; die anderen, die es nicht geschafft hatten, mussten eine Ehrenrunde drehen. Aber Geld, Zeit und die ganzen schrecklichen Stressmomente waren wie weggeblasen, als man endlich das kleine viereckige Kärtchen in der Hand hielt und wusste, dass es sich gelohnt hatte; dass man nun hinfahren konnte, wo man wollte, wann man wollte und mit wem man wollte – vorausgesetzt, man hatte ein Auto zur Verfügung und baute keine auffälligen Dummheiten.

*Beseelt vom Glück der bestandenen Prüfung.*

## Let's introduce Mister Barack Obama

Wer ist dieser charmante, gutaussehende schwarze Kerl, den niemand wirklich kennt und der dazu noch als Präsidentschaftskandidat der Demokraten in den USA antritt, fragt sich der eine oder andere, als die ersten Wellen des Wahlkampfes nach Deutschland herüberschwappen. Barack Obama – sein Siegeswille, sein Charme und seine positive Ausstrahlung ziehen selbst in Deutschland viele Menschen in ihren Bann und lassen auf einen Wechsel an der Spitze der Weltmacht Amerika hoffen.

Im Prinzip gibt es drei Dinge, die von bedeutender Relevanz für einen Wahlsieg Obamas sind: Wie tritt er auf, was hat er vor, und ist es in den USA wirklich möglich, dass ein afro-amerikanischer Demokrat an „die Macht" kommt? In puncto Auftreten, Charme und Charakter hat Barack Obama keine Schwierigkeiten – ein Sieg auf ganzer Linie. Er hat dieses unverwechselbare Kennedy-Lächeln, welches ohne Zweifel bei jedem Sympathie erweckt, hat Stil und Klasse und ist darüber hinaus ein angesehener und geliebter siebenundvierzigjähriger Ehemann und Familienvater, der diese Rollen augenscheinlich mit höchster Bravour verkörpert. Somit hat Obama schon die Hälfte geschafft.

Aber Obama hat noch mehr zu bieten als gutes Aussehen und ein breites Grinsen; seine Wirtschaftspolitik orientiert sich an dem Prinzip des vorsorgenden Sozialstaates nach der Theorie von Robert Rubin (aus der Clinton-Ära), mit welcher er die Wirtschaftskrise eindämmen möchte, indem er eine Verbesserung der Lage der Mittelschicht und Arbeiterklasse durchsetzen will. Seine Außenpolitik ist friedensorientiert, als früher Gegner der Irakinvasion spricht er sich für einen „verantwortungsvollen Rückzug" der Truppen aus dem Irak aus.

Bleibt nur noch eine Frage offen, und die ist häufiger das Gesprächsthema Nummer eins, als man eigentlich annehmen möchte: Ist Amerika bereit, einen Farbigen zum Präsidenten zu wählen, Amerika, in dem erst vor gut vierzig Jahren die Rassentrennung aufgehoben und „Schwarze" mit „Weißen" rechtlich gleichgesetzt wurden. Bezeichnenderweise genießt Barack Obama früher als je ein Präsidentschaftskandidat Amerikas die volle Sicherheit des Secret Service und ist unter ständiger Aufsicht.

Am 4. November 2008 stellt sich heraus, ob Obama all diesen Anforderungen gerecht wird und das amerikanische Volk ihn zum neuen Präsidenten wählt. Auf große Freude und Zustimmung trifft weltweit die Nachricht, dass Barack Obama, promovierter Jurist und Demokrat, mit großer Mehrheit zum 44. Präsidenten der USA gewählt ist. Am 20. Januar 2009 tritt er sein Amt an.

*Barack Obama.*

*Mitgerissene Partyfratzen im Diskofieber.*

## Der Zirkus des Lebens

Unsere Kindheit und unsere Jugend und all die prägenden Ereignisse, die in dieser Zeit stattfanden, haben uns zu dem gemacht, was wir jetzt sind. Vielleicht weiß der ein oder andere noch nicht, welche Richtung er einschlagen wird, fest steht aber, dass wir alle bereits seit achtzehn Jahren auf unserem Weg in die Zukunft und ins Erwachsenwerden sind, denn jede noch so kleine Handlung, Entscheidung oder Erfahrung trug dazu dabei, jeden Einzelnen von uns so zu formen, wie er ist. Uns stehen unbegrenzte Möglichkeiten offen, die Frage nach dem Wohin und Warum ist für viele noch unbeantwortet, und das nächste Kapitel noch nicht geschrieben. Es liegt an uns, die Seiten für dieses Buch weiterhin zu füllen; Stück für Stück, jeden Tag ein bisschen mehr,

*Optimistisch blicken wir in die Zukunft.*

und das, was am Ende in den Druck geht, überschreitet alle unsere Vorstellungskräfte.

Also kauft euch das Eintrittsticket und marschiert in die Manege, der Zirkus des Lebens ruft auf zu einer neuen Runde. Lasst euch mitreißen, staunt, lacht und nehmt nicht alles so ernst, es ist nur Show, denn der Zirkus selbst nimmt euch auch nicht so ernst, wie man manchmal glaubt ... Mahalo.